AF312181

MÉMOIRE

SUR

LES PRINCIPES GÉNÉRAUX

DU CHINOIS VULGAIRE.

SE VEND À PARIS,

CHEZ BENJAMIN DUPRAT,

RUE DU CLOÎTRE SAINT-BENOÎT, 7.

MÉMOIRE

SUR

LES PRINCIPES GÉNÉRAUX

DU CHINOIS VULGAIRE

PAR M. BAZIN

PROFESSEUR DE CHINOIS À L'ÉCOLE DES LANGUES ORIENTALES

———

EXTRAIT DU JOURNAL ASIATIQUE.

PARIS

IMPRIMERIE ROYALE

———

M DCCC XLV

MÉMOIRE

SUR LES PRINCIPES GÉNÉRAUX

DU

CHINOIS VULGAIRE.

Une préoccupation trop naturelle aux sinologues, et que je n'ose point blâmer, c'est l'intérêt et le prix extraordinaire qu'ils attachent à la langue savante et aux monuments de l'antiquité. Assurément les antiquités sont une étude rare, très-difficile et fort recommandable d'ailleurs ; mais la langue que l'on parle à la Chine n'est pas un jargon factice, confus et sans règles ; c'est une belle et noble langue, à laquelle on ne saurait contester l'élégance des formes, la naïveté, la flexibilité, des termes énergiques et une syntaxe assez régulière ; c'est un idiome qui n'a rien perdu de son importance comme langue politique et commerciale, et qui n'est pas non plus sans intérêt sous le rapport de la littérature.

Je reconnais volontiers qu'il existe deux points de vue particuliers et notablement distincts dans l'étude du chinois.

Il y a le point de vue de l'esprit, qui recherche curieusement, et abstraction faite du langage, auquel il s'intéresse fort peu, la signification d'un monument écrit, historique ou philosophique ; accumule autorités sur autorités, avant de fixer la valeur d'un caractère; lutte avec son sujet et tâche de suppléer, par le travail ou la sagacité, au laconisme ou à l'imperfection du style.

Il y a le point de vue de l'esprit, qui étudie les rapports des caractères avec le langage, cherche dans la grammaire, dans la syntaxe du Chinois les équivalents des formes auxquelles il est habitué dans sa langue naturelle, et, quand il veut lire, choisit de préférence ces livres où l'auteur, parlant toujours pour être entendu, écrivant comme il parle, dit clairement ce qu'il veut dire.

Ce sont là deux ordres de travaux particuliers, ou plutôt deux applications très-distinctes de l'étude du chinois. Certes les questions d'histoire, de philosophie et de législation qui se rattachent aux textes des anciens livres, excitent toujours la même curiosité; mais aujourd'hui la Chine est ouverte. D'autres motifs que des motifs d'érudition recommandent à notre sollicitude les idiomes que l'on parle dans le pays, en même temps que la littérature populaire des Chinois, si instructive, si féconde et pourtant si négligée. Ces motifs se sont accrus et, pour ainsi dire, multipliés, non-seulement par les événements de la politique et les besoins du commerce, mais encore par le progrès même des connaissances philologiques acquises ailleurs que chez nous. Des vues encore plus nobles, des motifs plus désintéressés et des considérations d'un ordre supérieur peuvent appeler et

appelleront, je n'en doute pas, quelques-uns de
nos jeunes ecclésiastiques à l'étude du chinois vulgaire, pour l'avantage du christianisme et de la pro-
pagation de la foi.

On a étudié la langue savante avant d'étudier la
langue que l'on parle; on a bien fait. Des travaux
d'un autre genre eussent été prématurés peut-être
en Europe, dans l'ignorance où nous étions des
idiomes et des dialectes de la Chine. Aujourd'hui
même, les Éléments de la Grammaire chinoise, publiés en 1822 par M. Abel-Rémusat, ne sauraient
être d'un grand secours ni d'une grande utilité pour
l'étude de la langue vulgaire. Et, d'ailleurs, si j'a-
vais acquis le droit de juger l'ouvrage d'un savant
tel que M. Abel-Rémusat, je dirais que cette grammaire ne soutient, sous aucun rapport, et ne sou-
tiendra jamais le parallèle avec les ingénieux
mémoires du célèbre auteur, mémoires si justement appréciés, et qu'il a consacrés à divers sujets
de littérature ou à des discussions sur des points
d'histoire. Ce n'est pas que ce travail, d'une étendue peu considérable, manque de recherches intéressantes et d'observations de détail parfaitement
exactes; ce n'est pas non plus que M. Abel Rémusat ait adopté une forme de démonstration trop
technique ou trop savante, car cette forme est
accessible à tous les esprits; mais, à mon avis, on
peut contester les principes de l'auteur sur la nature et le fond même de la langue; on peut croire
aussi que M. Abel-Rémusat, malgré sa science,

n'est pas sur tous les points d'accord avec les **faits**.

Après avoir recueilli toutes les lumières **que** peuvent fournir tant d'excellents travaux publiés, depuis une dizaine d'années, à Sirampour, Batavia, Macao, Canton, il m'a semblé que je pourrais exposer succinctement dans un mémoire les principes généraux de la langue chinoise, telle qu'elle est actuellement usitée. Plusieurs des travaux dont je parle ne sont, à vrai dire, que des opuscules; d'autres sont des ouvrages de longue haleine comme la Chrestomathie Cantonnaise de M. Bridgman, ou les Dictionnaires Cochinchinois de feu monseigneur Taberd. Tous sont pleins d'intérêt, tous variés, moins par les sujets dont ils traitent que par le caractère particulier des idiomes et des dialectes qu'ils livrent pour la première fois à la connaissance des Européens. Ce qui frappe le plus, c'est qu'il n'existe encore en français aucun ouvrage élémentaire qui, par une méthode simple et une exposition claire des principes, facilite l'étude du chinois vulgaire. Il serait sans doute à désirer qu'une personne également versée dans la connaissance des deux langues se chargeât d'un pareil travail; mais, en attendant, il faut combattre les notions imparfaites et les faux principes que le temps a, pour ainsi dire, consacrés.

Afin qu'on ne m'accuse pas d'une présomption ou d'une témérité infinie, si je viens à contredire quelquefois M. Abel-Rémusat, je déclare que mes plus anciens auditeurs à l'École des langues orientales m'ont imposé en quelque sorte l'obligation de publier ce mémoire, qui n'est que le résumé de mes leçons et qui a déjà reçu l'assentiment de plusieurs philologues instruits auxquels je l'ai communiqué. La première section sera consacrée à la langue vulgaire et à ses dialectes; la seconde, aux rapports entre l'écriture et le langage; la troisième, à un parallèle entre la langue écrite et la langue parlée, et la quatrième, à la synthèse ou à la formation des mots composés.

§ Ier.

DE LA LANGUE VULGAIRE ET DE SES DIALECTES.

Il y a, comme on sait, deux langues à la Chine, une langue savante et une langue vulgaire.

Qu'est-ce que la langue savante?

Un idiome artificiel et de convention qui s'écrit et ne se parle pas (M. Abel-Rémusat en convient lui-même); un idiome fort étendu, qui a cours dans toute la Chine, dans la Cochinchine, au Japon, ailleurs encore, mais qui n'est que dans les livres. On aurait tort de l'assimiler aux langues mortes de notre Occident, au latin, par exemple; la langue savante, 文字 *wen-tze*, est un idiome factice.

On appelle encore la langue savante *la langue écrite* ou *la langue des livres*, par opposition à la langue vulgaire ou à la langue parlée, qui s'écrit moins, parce qu'elle est infiniment plus restreinte que la langue savante, comme on le verra § III.

Qu'est-ce que la langue vulgaire?

C'est la langue vivante du pays, à cela près de deux provinces ; la langue commune, universelle, que tout le monde parle et qui, malgré les variations et les modifications que le temps amène dans les idiomes, s'est maintenue jusqu'à nos jours avec son universalité ; c'est une langue originale et pure, qui n'a subi aucun contact, aucun amalgame avec les autres, et qui ne leur doit absolument rien. La langue commune, 官話 *kouan-hoa* est une langue naturelle.

Le 官話 *kouan-hoa*, ou la langue commune, se divise en deux branches. Il y a :

Le 北官話 *po kouan-hoa* ou *kouan-hoa* du Nord,

Et le 南官話 *nan kouan-hoa* ou *kouan-hoa* du Midi.

Le *kouan-hoa* du Nord est le dialecte de Pékin ; le *kouan-hoa* du Midi est le dialecte de Nankin.

Le *kouan-hoa* est donc la langue commune, universelle, 能通行者。是謂官話。 « *neng thoung hing tchee, che 'wéi kouan-hoa* [1]. » Mais puisque le *kouan-hoa* est la langue commune, d'où vient qu'il existe un *kouan-hoa* du Nord, et un *kouan-hoa* du Midi? 既爲官話。何以有南北之稱。 « *ki 'wéi kouan-hoa, ho-iyeou nan-po tche tchheng* [2]? » C'est parce que deux choses surtout distinguent le

---

[1] Voyez l'ouvrage intitulé *Tcheng-in-thso-yao*, chap. IV, pag. 1.
[2] Voyez le même ouvrage, *loco citato*.

kouan-hoa du Nord, ou le dialecte de Pékin, du *kouan-hoa* du Midi, ou du dialecte de Nankin.

1° La *prononciation*. La prononciation des mots n'est pas la même dans les deux dialectes; car, quoique la classification des consonnes, 音 *in*, ne varie point, qu'il existe pour les deux dialectes des consonnes labiales, dentales, gutturales [1], etc. on n'affecte pas toujours la même consonne au même caractère, c'est-à-dire qu'on n'articule pas toujours les mots de la même manière. J'en dirai autant des voyelles 韻 *yun*, et surtout de l'intonation 聲 *cheng*. « Quand on commence à étudier le *kouan-hoa*, on doit, avant toutes choses, s'attacher à la prononciation. Si l'on étudie le *kouan-hoa* du Midi, il faut adopter l'accent méridional; si l'on étudie le *kouan-hoa* du Nord, il faut adopter l'accent septentrional [2]. »

2° Les *idiotismes*. Les deux dialectes diffèrent surtout par les idiotismes. On peut les étudier dans les vocabulaires spéciaux, par exemple dans le 北南 官話彙編大全 *Nan-po kouan-hoa wéi-pièn ta-thsuèn*, petit ouvrage en deux volumes, qui renferme tous les idiotismes usités dans les dialectes de Pékin et de Nankin.

Généralement, les Chinois n'étudient point la langue vulgaire; les enfants, dont cet idiome est la langue naturelle, l'apprennent en l'entendant par-

---

[1] Voyez le *Tcheng-in-thso-yao*, chap. IV, pag. 1.
[2] Même ouvrage, chap. 1er, pag. 19.

ler; ils y font des progrès à mesure qu'ils entrent plus avant dans le commerce de la vie. Quand on les met à l'école, c'est pour apprendre les premiers éléments de la langue savante. On rencontre toutefois à Pékin et dans les principales villes de l'empire des maîtres particuliers qu'on appelle 師傅 *sse-fou* et qui enseignent à lire et à écrire le chinois vulgaire. Ces maîtres se servent, comme nos maîtres de langue, d'une méthode facile; ils ont des exercices ou des manuels, petits livres élémentaires, toujours divisés en deux parties, dont la première est un vocabulaire des mots les plus usuels de la conversation, 眼面前說的尋常話 *yèn-mièn tsièn choue-ti thsin-tchhang-hoa*, et la seconde un choix de dialogues familiers, 問答的俗話 *wen-ta-ti sou-hoa*[1].

Mais n'y a-t-il que ces deux dialectes à la Chine? Il y a encore des idiomes locaux et des patois.

Autrefois les idiomes de la Chine étaient plus nombreux qu'aujourd'hui. On peut, suivant le témoignage des écrivains originaux, juger de la variété de ces idiomes par le dialogue des premières pièces de théâtre imprimées dans le pays. Un philologue qui saurait le chinois plus que superficiellement, pourrait donc, avec le secours des indi-

---

[1] Voyez l'ouvrage intitulé *Thsing-wen-khi-moung*, ou Éléments de la grammaire mandchoue, livre II, pag. 27 r. édition de la Bibliothèque royale, et le *Tcheng-in-thso-yao*, ou Principes généraux de la langue commune, vol. II et III.

gènes, se livrer à des recherches pleines d'intérêt sur l'histoire des variations et des progrès de la langue chinoise depuis le XIIIe siècle jusqu'à nos jours. S'il voulait remonter au delà, je crois qu'il éprouverait beaucoup d'embarras; car, à ma connaissance, les plus anciens monuments de la langue vulgaire sont postérieurs à la dynastie des Soung. J'abandonne la question de savoir à quelle époque les Chinois ont commencé à écrire leur langue, parce que je ne puis rien affirmer à ce sujet; je crois cependant que ce fut dans le VIIIe siècle de notre ère, pendant le règne de l'empereur Hiouen-tsoung, des Thang.

Antérieurement à la dynastie des Soung, chaque province avait un dialecte particulier. Nous ne possédons aucun monument de la langue que parlaient les Chinois au temps de Confucius; néanmoins, il est permis de conjecturer que, du vivant de ce philosophe, un nombre très-considérable de dialectes divers partageait le pays que les Européens appellent aujourd'hui la Chine; mais ceci n'est pas de mon sujet.

Un document très-remarquable à mon avis, c'est un décret publié vers la fin du XVIIe siècle par l'empereur Khang-hi, et qui prescrit l'unité de langage dans tout l'empire. Le décret dont je veux parler a pour titre : 上諭一道諭閩廣正鄉音 *Chang-iu-i-tao-iu-min-kouang-tcheng-hiang-in*, ou édit impérial qui enjoint aux (habitants des provinces de)

Canton et du Fò-kièn de parler la langue commune.
On le trouve dans le 廣東通誌 *Kouang-toung-thoung-tche*, Histoire ou description géographique de la province de Canton, première section, pag. 66. Il a été fort exactement traduit en anglais par M. Robert Thom[1], sinologue d'un grand mérite, aujourd'hui consul d'Angleterre à Ning-pô, et l'auteur chinois du 正音撮要 *Tcheng-in-thso-yao*, Principes généraux de la langue commune, l'a placé à la tête de son ouvrage. Ce grand monarque, qui s'était entretenu avec nos plus savants missionnaires d'alors, les Adam Schall, les Parennin, les Gerbillon, les Ferdinand Verbiest; qui, suivant les expressions de son illustre biographe[2], avait défendu l'astronomie européenne contre les mathématiciens chinois, reconnu la supériorité de nos procédés et autorisé l'exercice public de la religion chrétienne dans tout l'empire; qui a écrit lui-même plus de cent volumes de poésie et de littérature, Khang-hi avait toujours fait preuve d'un esprit supérieur aux préjugés de sa nation. Les motifs de ce décret impérial, dont l'honneur revient peut-être aux jésuites, sont tirés de la politique, et de la politique la plus noble et la plus élevée.

« Nous avons constamment observé, dit l'empereur en commençant, que parmi nos officiers,

---

[1] Voyez *Esop's Fables*, Introduction, pag. VIII.
[2] Abel-Rémusat, *Mélanges asiatiques*. t. II, Notice biographique sur Khang-hi.

civils ou militaires, supérieurs ou inférieurs, qui, prosternés au bas du trône, soumettent un rapport quelconque à notre examen impérial, ou nous adressent une supplique, les naturels des provinces de Canton et du Fô-kièn, seuls, parlent un idiome local que nous ne comprenons pas. »

L'empereur s'élève contre une coutume si pernicieuse si funeste à l'administration des affaires et particulièrement de la justice.

« Lorsque les gouvernants et les gouvernés ne s'entendent pas les uns les autres, les magistrats se trouvent nécessairement dans la dépendance des plus bas officiers de justice, quelquefois même de leurs propres domestiques, qui exercent les fonctions d'interprètes. Mais, alors, mille abus doivent naître d'une foule de récits exagérés, de réticences volontaires ou d'interprétations fausses. Un tel système d'administration ne peut manquer de conduire à des équivoques pénibles et à d'innombrables supercheries. »

Après d'autres réflexions fort judicieuses, l'empereur termine comme on va le voir.

« Ainsi s'établit entre ceux qui sont au premier rang et ceux qui sont au dernier, entre les supérieurs et les inférieurs, une limite infranchissable, et cette limite devient une source de maux. Nous savons que les habitants de ces provinces, habitués qu'ils sont, dès la plus tendre enfance, à un idiome particulier, auront de la peine à se défaire, en parlant, d'une prononciation incorrecte et vicieuse.

et que les hommes ne renoncent pas tout d'un coup à des habitudes invétérées; nous n'avons, en conséquence, d'autre parti à prendre que de multiplier les sources de l'instruction dans les deux provinces susnommées, et d'y établir partout des écoles.

« A ces causes, nous ordonnons, etc. »

Il est à peine nécessaire d'avertir que cet édit prématuré n'a pas été fécond en résultats. On a ouvert, d'après les ordres de l'empereur, et l'on ouvre encore aujourd'hui, dans la ville de Canton, dans les principales villes du Fô-kièn, des écoles publiques où l'on enseigne à la jeunesse la langue nationale; mais les officiers du gouvernement, originaires de ces contrées, parlent sans cesse l'idiome de la province dans le commerce intime; quant aux femmes, aux artisans, aux villageois, ils ne savent pas un mot de la langue commune. Toujours est-il que le décret existe et que la réforme a été tentée.

Ainsi, tandis que d'un côté la distinction que j'ai commencé par établir entre la langue écrite et la langue parlée subsiste aujourd'hui même plus que jamais, d'un autre côté, le mouvement de la civilisation a poussé instinctivement, graduellement, les Chinois vers l'unité de langage. Cette distinction de la langue écrite et de la langue parlée est malheureusement une des nécessités de la politique aussi bien que des affaires. Un décret semblable à celui de François Ier, qui prescrirait l'usage de la langue vulgaire dans les actes publics, ne saurait être promulgué à la Chine ou deviendrait tout à fait inexécutable. C'est ce que je démontrerai dans le paragraphe IV.

Au résumé, le décret de l'empereur Khang-hi constate deux choses :

La première, qu'il n'existe aujourd'hui dans l'empire chinois que deux dialectes distincts et qui s'éloignent de la langue commune, le dialecte de Canton et le dialecte du Fô-kièn ;

La seconde, qu'il y a véritablement une langue commune, universelle, qui se parle et s'entend d'un bout de la Chine à l'autre, excepté dans ces deux provinces, incorporées plus tard à l'empire.

Il ne faut donc pas confondre les dialectes de Canton et du Fô-kièn, qui sont à proprement parler des idiomes locaux, avec les dialectes de la langue vulgaire, qui ne diffèrent entre eux que par la prononciation et un certain nombre d'idiotismes, mais dans lesquels on ne trouve pas de mots étrangers à la langue commune. Généralement, il existe dans la prononciation de chaque district une modulation particulière, si je puis m'exprimer ainsi, un accent, qui a quelque chose de singulièrement impressionnable pour les Chinois et qu'ils appellent 鄉音 *hiang - in*, l'accent du district. On dit aujourd'hui que, pour bien parler la langue chinoise, il ne faut avoir ni l'accent de Macao, ni l'accent de Canton, ni l'accent de Nankin, ni aucun autre accent qui n'est pas celui des habitants de la capitale. Cependant, lorsque la cour était à Nankin, on regardait le dialecte de Pékin comme un dialecte corrompu ; mais depuis que les Tartares, devenus les maîtres de l'empire, ont établi dans cette dernière ville le siége du gouvernement, les jeunes gens des provinces qui ont reçu cette éducation intelligente qu'on appelle en Europe l'éducation libérale, qui n'exercent pas les professions de la vie commune, sollicitent des emplois ou cherchent à se produire dans le monde, tâchent d'imiter autant qu'ils le peuvent l'accent de la capitale et de prononcer le chinois comme le prononce l'empereur. Dans les bureaux des districts, dans les administrations provinciales, on ne parle à l'heure qu'il est que le dialecte de Pékin.

Après les dialectes de Canton et du Fô-kièn, viennent les patois, 鄉談 *hiang-than*, qui diffèrent les uns des autres, selon les provinces et les districts, et diffèrent à tel point que, d'après le témoignage d'un ancien missionnaire, le patois d'un district varie souvent du village de la côte à celui de la plaine.

Écoutons à ce sujet un voyageur chinois [1] :

« Dans tous les arrondissements, dans tous les districts de l'empire, il existe un idiome local 土語 *thou-iu*, ou un patois 鄉談 *hiang-than*. Les

---

[1] Ce passage est extrait du livre intitulé *Tcheng-in-thso-yao*, ou Principes généraux de la langue commune, préface, chapitre I, page 5

habitants d'un district ne comprennent pas le langage des habitants d'un autre district. Il en est ainsi dans toutes les provinces 各省皆是 *Ko seng kiai che;* cela n'est pas seulement particulier aux provinces de Canton et du Fô-kièn 非獨閩廣爲然 *Féi tou min kouang 'wéi jèn.*

« J'ai parcouru autrefois le Kiang-nan, le Tche-kiang, le Hô-nan, les deux Hou (le Hou-po et le Hou-nan); j'affirme que dans toutes ces provinces les dialectes et les idiomes locaux ne sont pas les mêmes, 方言土語不同 *Fang-yèn thou-iu pou thoung.* Je dirai plus, c'est que, dans les districts, les *voisins* ne s'entendent pas toujours entre eux. Il n'y a véritablement que les négociants et les commissionnaires (chargés de l'achat ou de la vente des marchandises) qui sachent parler le *kouan-hoa.* Ces négociants, ces commissionnaires, on les trouve dans les ports, sur les grandes places de commerce, où ils arrivent par terre ou par eau 水陸 *choui-lou*, mais les habitants du pays parlent tous un idiome local.......

« Plus tard, quand j'entrai dans la capitale, ma surprise redoubla. On rencontre dans les rues de cette grande ville une foule d'individus qui vont et viennent, puis des groupes de quatre à cinq personnes 三五成羣 *san ou tchheng khiun*, qui s'entretiennent familièrement. *Tsi-tsi koua-koua* [1]! Ils

---

[1] Onomatopée.

parlaient tous un patois, 打鄉談 *ta-hiang-than;* je ne savais pas ce qu'ils disaient, 不知他說什麼 *pou tche tha choue che-mo.*

« Mais lorsque je les suivis dans les boutiques, où ils entraient pour acheter une chose ou une autre 買東西 *maï-toung-si,* je remarquai alors qu'ils parlaient la langue commune avec une grande facilité d'expression. Les uns parlaient le *kouan-hoa* du Nord (le dialecte de Pékin), les autres le *kouan-hoa* du Midi (le dialecte de Nankin); tous articulaient leurs mots clairement, distinctement, 都說得清清楚楚的 *tou choue tee thsing-thsing thsou-thsou-ti.* Je me mis à causer avec eux, et j'appris que dans chaque province, dans chaque district, parmi les jeunes gens qui se destinent aux emplois publics ou à la carrière commerciale, il n'y en a pas un seul qui n'étudie le *kouan-hoa,* 沒有一個不學官話的 *mou-yeou i-kô pou hio kouan-hoa ti;* que, sans la connaissance du *kouan-hoa,* on ne peut pas voyager dans l'empire.

« Il est encore certain que, dans toutes les provinces, la prononciation, 口音 *kheou-in,* est généralement très-correcte, conforme aux règles. On ne trouve pas de difficulté, soit à parler, soit à entendre le *kouan-hoa;* mais, à Canton et dans le Fô-kièn, la prononciation est d'ordinaire incorrecte et vicieuse; la nomenclature, 物件稱呼 *ou-kièn tchheng-hou,* n'est plus la même que dans la langue commune. A Canton et dans le Fô-kièn, quand ils sont jeunes, 少年 *chao-nièn*, ils ne *veulent* pas étudier, 又不肯學 *yeou pou kheng hio*; quand ils sont devenus grands, 臨到長大 *lin-tao tchhang-ta*, ils ne *peuvent* plus prononcer (les mots), 就說不出來 *tsieou choue pou tchhou laï.* »

Quand on parle de la langue chinoise, il est une chose dont on ne tient jamais compte, c'est de l'âge de cet idiome. Et cependant, à la Chine comme ailleurs, la langue a ses époques, ou plutôt chaque époque a sa langue. Toutefois, si l'on voulait juger des variations de cet idiome ou des modifications qu'il a subies avec le temps, on ne devrait pas prendre nos idiomes d'Europe pour objets de comparaison. Le chinois a l'inappréciable avantage de ne se modifier que très-lentement; et, dans le royaume du Milieu, il y a moins loin que chez nous d'un siècle à un autre ; mais il est incontestable que la langue a varié sous chaque dynastie, tantôt plus, tantôt moins. La langue que parlent aujourd'hui les Chinois n'est pas celle qu'ils parlaient sous les Ming; autre était la langue des Ming, autre celle des Yuèn, autre celle des Soung.

Ainsi, quand M. Abel-Rémusat, d'ordinaire si équitable dans sa critique et ses controverses, reprochait à Morrison père d'avoir fait usage, dans sa grammaire, de quelques phrases composées exprès et recueillies de la bouche des Chinois, au lieu de les avoir prises comme lui «dans les romans les plus estimés pour le style, tels que le *Iu-kiao-li*, le *Hao-khieou-tchhouân*, etc. [1], » M. Abel-Rémusat avait doublement tort.

Il avait tort, parce que, dans toutes les langues du monde, il est très-difficile d'écrire comme on parle; parce qu'en Chinois cela est plus difficile encore; parce que le Kouan-hoa perd toujours à être écrit et ne l'est jamais bien, suivant la remarque du père Cibot[2], excepté dans les ouvrages qu'on destine à être lus à haute voix.

Il avait tort aussi, parce que le *Iu-kiao-li* 玉嬌梨 et le *Hao-khieou-tchhouan* 好逑傳 ne sont pas, comme le croyait M. Abel-Rémusat, des monuments de la langue *actuellement usitée dans l'empire chinois,* mais des monuments de la langue du xıve siècle, et dans lesquels on trouve d'ailleurs presque à chaque page des phrases et des locutions empruntées à la langue savante.

Une langue étrangère, le mandchou, qui s'écrit alphabétiquement et n'a du reste aucune analogie avec le chinois, est parlée à la cour, dans les bureaux, dans les garnisons; et les pièces officielles, disent les an-

---

[1] Page xxxiij des Éléments de la grammaire chinoise.

[2] Voici qui est encore plus singulier, ajoute le P. Cibot : il y a tel lettré du premier ordre qui suerait sang et eau, et ne viendrait pas à bout d'écrire passablement un dialogue en kouan-hoa; *il ne saurait même pas les caractères dont il faudrait se servir. (Mémoires des missionnaires de Pékin,* tom. VIII, pag. 226.)

ciens missionnaires de la compagnie de Jésus, sont ordinairement publiées dans les deux langues.. Il existe à Pékin un collége pour les interprètes, une école des langues étrangères, dont le président, qui est toujours un membre de l'académie impériale des Han-lin, a sous lui cinquante-six régents ou professeurs. M. Abel-Rémusat, dans un intéressant mémoire, nous apprend qu'au commencement du xve siècle de notre ère, on enseignait déjà dans ce collége huit langues étrangères, savoir : le mongol, le tartare oriental, le thibétain, le sanscrit, le persan de la Boukharie, l'ouïgour, la langue d'Ava et le siamois [1].

Au résumé, ce grand pays continental n'est pas divisé, comme notre Europe, par des idiomes nombreux et radicalement différents les uns des autres. Assurément, une langue commune et deux idiomes locaux ne répondent pas à la multiplicité et à la variété des idiomes européens.

§ II.

RAPPORTS ENTRE L'ÉCRITURE ET LE LANGAGE.

Je touche ici à une question très-intéressante et qui n'a été que très-superficiellement examinée. Il s'agit des rapports qui subsistent entre l'écriture et le langage des Chinois.

Parlons d'abord de l'écriture. M. Abel-Rémusat nous dit que le nombre des caractères a été singu-

---

[1] Voyez les Mélanges asiat. de M. Abel-Rémusat, t. II, p. 248.

lièrement exagéré; je suis tout à fait de son avis; mais enfin :

Combien y a-t-il de caractères chinois?

Il y a, d'après le calcul de M. Gutzlaff, 43,496 caractères dans le grand dictionnaire de Khang-hi, qui a paru pour la première fois en 1716[1]. Au commencement du iie siècle de notre ère, l'an 121, les Chinois n'avaient encore que 10,000 caractères[2].

Tous les caractères du dictionnaire de Khang-hi sont-ils usités dans la langue écrite?

Non; il y a d'abord 4,200 caractères qui sont dépourvus de signification; 1,659 caractères nouveaux ou recueillis pour la première fois dans ce dictionnaire, et 6,423 caractères dont la forme a vieilli et qui sont inusités. Au surplus, voici le dénombrement des caractères chinois, d'après M. Gutzlaff.

1° Caractères usités........................ ...	31,214
2° Caractères dont la forme a vieilli et qui sont actuellement inusités................	6,423
3° Caractères nouveaux.................	1,659
4° Caractères dépourvus de signification....	4,200
Total................	43,496

Y a-t-il d'autres caractères que les caractères du dictionnaire de Khang-hi?

---

[1] M. Wells-Williams porte à 44,449 le nombre des caractères chinois.

[2] C'est à peu près le tiers des caractères actuellement usités. Le *Tze-wéi* n'en contient que 30,000.

Oui, assurément. Dans tous les dialectes qui s'écrivent, dans les dialectes de Canton et du Fô-kièn, dans le dialecte cochinchinois, on trouve des caractères étrangers à la langue commune. Il suffit, pour s'en convaincre, d'ouvrir la Chrestomathie cantonnaise de M. Bridgman ou le Dictionnaire cochinchinois de monseigneur Taberd. Ce n'est pas, comme je l'ai dit ailleurs, que la forme extérieure des traits dont se composent les caractères dans l'écriture chinoise et l'écriture des dialectes ait éprouvé la moindre altération ; la différence vient uniquement de ce que les caractères des dialectes présentent quelquefois des combinaisons ou des associations de traits qui n'existent pas dans l'écriture commune. Quoi qu'il en soit, le nombre total des caractères reste fixé à 43,496. Voilà pour la langue écrite.

Voici maintenant pour le langage. Chacun de ces 43,496 caractères répond à un monosyllabe de la langue parlée.

Combien y a-t-il de monosyllabes distincts dans la langue chinoise?

Il y en a plus ou moins, suivant le système orthographique appliqué à la transcription des monosyllabes.

Ainsi, dans le système de M. Abel-Rémusat ou d'après l'orthographe française, on ne compte que 450 monosyllabes distincts.

Dans le système orthographique du père Prémare, on compte 487 monosyllabes;

Dans le système de l'orthographe anglaise, 629.

Ce n'est pas tout. Chacun de ces monosyllabes devant être prononcé suivant une des cinq intonations, dont je parlerai dans le paragraphe III, le nombre total des monosyllabes chinois varie encore suivant le système prosodique adopté.

Ainsi, dans le système prosodique de M. Abel-Rémusat, qui n'admet que quatre tons au lieu de cinq, le nombre total des monosyllabes est porté à 1203, par la variation des accents;

Dans le système du père Prémare, qui admet cinq tons comme les Chinois, le nombre total des monosyllabes accentués est porté à 1445;

Dans le système de M. Gutzlaff, il s'élève à 1774.

Je reviens maintenant à la question principale.

On vient de voir que la langue écrite des Chinois ne possède pas moins de 43,496 signes ou caractères distincts, tant usités qu'inusités.

On vient de voir que la langue parlée ne possède pas plus de 629 monosyllabes très-distincts, d'après l'orthographe de M. Gutzlaff, ou 1774 monosyllabes accentués.

Ainsi, les Chinois ont 43,496 caractères pour exprimer 629 monosyllabes, c'est-à-dire que, sur 43,496 caractères, 42,867 représentent des sons déjà représentés.

A la première vue ou après un examen superficiel, on est frappé du désaccord profond qui subsiste entre l'écriture et le langage; et si l'on admet avec M. Abel-Rémusat que les caractères chinois n'expriment pas des prononciations, mais des idées (page 1 des Éléments), on n'y comprend plus rien; on se demande alors quel rapport il peut y avoir entre l'écriture et le langage des Chinois, à peu près comme on se demanderait quel rapport il y a entre l'algèbre et la prononciation. Je démontrerai dans le paragraphe III que ce désaccord n'est qu'apparent; mais poursuivons.

Et d'abord, comment et sur quel élément le rapport entre l'écriture et le langage des Chinois est-il établi?

Il y a dans presque tous les caractères chinois, c'est-à-dire dans 42 caractères sur 43, deux parties essentiellement distinctes :

Une partie qui exprime le son, et qu'à cause de cela, on appelle la *phonétique* [1];

Une partie qui exprime quelquefois la chose ou la pensée, détermine ou sert toujours à déterminer

[1] Les Anglais et les Américains, d'après le docteur Marshman, appellent la phonétique *primitive* : « By the term *primitive* is meant « that part of characters, which is joined to the radical to form « a new one... This part might also be called the phonetic or vocal « part, inasmuch as it gives its own sound to a very great propor- « tion of the characters; but as this rule has a multitude of excep- « tions, *primitive* appears to be on the whole the best term. It is not « applied thus, however, on account of its original use, or for prio- « rity of any sort, but merely as a convenient term to express that « part of a character which is not the radical; it is primitive solely « because it was formed prior to the compound characters in which « it is found. » (*Easy lessons in Chinese* or Progressive exercises to facilitate the study of that language, especially adapted tho the Can ton dialect, by S. Wells-Williams. Macao, 1842.)

le sens, et qu'on appelle très-improprement, comme le remarque M. Abel-Rémusat, le *radical* ou la *clef*.

Ce qui revient à dire qu'il y a dans presque tous les caractères chinois, car presque tous les caractères chinois sont des caractères composés, deux éléments distincts, un élément phonographique et un élément idéographique.

Ainsi, prenons pour exemple la phonétique 巴 *pa* :

Si on ajoute à cette phonétique la clef du cœur et des affections 忄, on a le caractère 忆 *pa* qui signifie *craindre*.

Si on y ajoute la clef des maladies et des blessures 疒, on a le caractère 疤 *pa* qui veut dire *cicatrice*.

Avec la clef de la main 扌, on a le caractère 把 *pa*, prendre.

Avec la clef du bois et des arbres 木, on a le caractère 杷 *pha*, râteau.

Avec la clef des porcs 豕, on a le caractère 豝 *pa*, truie.

Avec la clef des bateaux 舟, on a le caractère 舥 *pha*, pont de bateaux.

Avec la clef de la femme 女, on a le caractère 妑 *pha*, qui désigne les boucles de cheveux que portent les jeunes filles, etc.

Prenons encore pour exemple la phonétique 令 *ling*.

Si on ajoute à cette phonétique la clef des moutons 羊, on a le caractère 羚 *ling* qui signifie un *chevreuil*.

Si on y ajoute la clef des oreilles 耳, on a le caractère 聆 *ling* qui veut dire *entendre*.

Avec la clef des métaux 金, on a le caractère 鈴 *ling*, clochette.

Avec la clef des oiseaux 鳥, on a le caractère 鴒 *ling*, rossignol.

Avec la clef des dents 齒, on a le caractère 齡 *ling*, âge, etc.

Il existe, comme on le voit, dans les caractères que je viens de citer, quelque chose de fondamental et de permanent, quelque chose qui ne change pas, c'est la phonétique. Il en est ainsi de tous les caractères; on n'en trouve pas un seul qui ne contienne une phonétique ou qui ne soit lui-même une phonétique; car il faut encore remarquer deux choses :

La première, c'est que toutes les phonétiques, à l'exception d'un très-petit nombre, forment à elles seules et sans l'adjonction d'aucun radical, des caractères usités dans la langue, qui expriment à la fois un son et une idée;

La seconde, c'est que presque tous les radicaux peuvent être employés comme phonétiques; mais, perdant alors leur valeur idéographique, ces radicaux n'expriment plus que des sons[1].

Cela est parfaitement clair.

Toutefois, des deux éléments dont se composent les caractères chinois, l'élément idéographique seul a jusqu'à présent fixé l'attention des érudits. Quant à l'élément phonétique, qui est, comme on l'a vu tout à l'heure, l'élément fondamental, personne, avant le père Gonçalvez et le Dr Marshman, n'avait songé à en faire l'objet d'un examen sérieux. L'auteur de la première grammaire chinoise publiée en Europe, Fourmont, regardait le dictionnaire de *Khang-hi*, où les mots sont rangés d'après l'ordre des clefs, comme le chef-d'œuvre de l'esprit humain, parce qu'il avait pris cet ordre des clefs, disait avec raison M. Abel-Rémusat, pour l'ordre philosophique des idées. Mais, au point de vue lexicographique, la clef n'indique qu'une chose dans le dictionnaire de Khang-hi, le rapport qui se trouve entre

[1] « The primitives may, for convenience, be arranged into five « classes according to the relation they bear to the radicals. These « are :

« I. The 214 radicals themselves, when used as primitives.

« II. Primitives formed from a radical by an addition that of « itself is unmeaning.

« III. Primitives formed from two radicals, or those which can « be separated into two complete radicals.

« IV. Primitives formed of three or four radicals.

« V. Primitives formed from a derivative by the addition of ano « ther radical, or by the combination of two derivatives. »

(Wells-Williams, *Easy Lessons in Chinese*, pag. 33.)

Les Anglais entendent par *derivative* un caractère composé, c'est-à-dire formé d'un radical et d'une phonétique.

des idées congénères ; la clef ne sert qu'à une chose ,
à la classification des caractères. M. Abel-Rémusat,
après avoir combattu comme il combattait toujours , c'est-à-dire victorieusement, ce qu'il y a de
faux et d'exagéré dans le système de Fourmont, ne
s'est attaché néanmoins , dans l'étude des caractères,
qu'au radical, à l'élément idéographique, et a négligé autant que Fourmont les phonétiques ou les
éléments vocaux de l'écriture chinoise. Veut-on savoir comment M. Abel-Rémusat appelle la phonétique d'un caractère ? *un groupe de traits insignifiants
ajoutés à la clef.* Insignifiants ! c'est comme si l'on
disait que les lettres de notre alphabet avec les-
quelles nous formons des mots sont insignifiantes.

J'admets très-volontiers que les lettres de notre
alphabet ne sauraient être comparées aux traits
simples, élémentaires, dont se composent les phonétiques chinoises (et qui sont d'ailleurs en trop petit
nombre [1]) quand on prend ces traits des phonétiques isolément, séparément, parce qu'ils ne représentent pas isolément, séparément, comme nos
lettres, les éléments de la parole.

Je n'admets pas qu'il y ait une très-grande distance de nos lettres combinées aux traits élémentaires combinés [1]; par exemple, des lettres *f*, *a*, *o*, *n*,
combinées pour former le monosyllabe *faon*, aux

---

[1] Il existe un caractère qui renferme à lui seul tous les traits
élémentaires de l'écriture chinoise ; c'est le caractère 永 *young*,
« éternel. »

traits élémentaires ✎ —— / ʃ combinés pour exprimer le monosyllabe 方 *fang*.

Je remarque seulement que le premier de ces monosyllabes est composé de lettres, et que le second est composé de traits; voilà tout.

M. Abel-Rémusat enseigne, comme je l'ai déjà dit, que les signes de l'écriture chinoise, pris en général, n'expriment pas des prononciations, mais des idées. (Page 1 des Éléments.)

Certes, l'autorité de M. Abel-Rémusat est d'un grand poids; mais qui voudra croire aujourd'hui, après la publication du *Systema phoneticum scripturæ sinicæ* de M. Callery, que les caractères chinois n'expriment que des idées, si l'on songe d'ailleurs :

Que le dictionnaire impérial de Khang-hi renferme, selon le calcul de M. Gutzlaff, 4,200 caractères qui n'expriment que des prononciations;

Que tous les caractères chinois sans exception présentent aux yeux une phonétique plus ou moins compliquée de traits;

Que les radicaux eux-mêmes, détachés des groupes phonétiques auxquels ils sont joints, expriment des prononciations et deviennent à leur tour des phonétiques;

Enfin, que les caractères changent de signification en changeant de ton ou de prononciation, (Page 26 des Éléments.)

M. Abel-Rémusat présente, dans les huit premiers paragraphes de sa grammaire, et d'après les écrivains originaux, une histoire abrégée de l'écriture chinoise et entretient l'étudiant, qui ne sait rien encore, des caractères *figuratifs*, *combinés*, *indicatifs*, *etc.* Il faut avouer que cela n'est pas tout à fait indispensable à celui qui veut apprendre à lire et à écrire le chinois.

Au fond, est-ce qu'il y a aujourd'hui des caractères figuratifs? Est-ce qu'il y a jamais eu des caractères figuratifs dans l'*écriture* chinoise? Les images, les dessins, les peintures ne sont pas des caractères, 字 *tze*, et les caractères ne sont ni des images, ni des dessins, ni des peintures. Les caractères sont les signes de l'écriture chinoise; les signes de l'écriture sont composés de traits; ces traits, combinés d'une certaine manière, expriment toujours des prononciations dans les caractères simples; dans les caractères composés, la partie fondamentale n'exprime jamais qu'une prononciation. Voilà ce qui importe à l'étudiant. Il faut qu'il sache que l'écriture chinoise a varié comme la langue, et que cette écriture, idéo-phonographique pour les lettrés, tend naturellement à devenir phonographique pour le peuple. On le verra tout à l'heure.

Il y a donc dans tous les caractères composés deux parties véritablement distinctes, une phonétique et un radical.

Qu'est-ce que la phonétique?

La phonétique est, dans ses rapports avec le langage, la partie fondamentale d'un caractère,

. c'est le signe qui exprime le son; la phonétique, c'est la voix qui prononce, c'est l'élément vocal de l'écriture chinoise.

Qu'est-ce que le radical?

Le radical, c'est le signe vraiment idéographique, ou plutôt c'est le signe étymologique qui définit le caractère; le radical, c'est, dans la nomenclature, le signe qui marque le genre, comme la phonétique est le signe qui détermine l'espèce; le radical, c'est la raison du caractère, *ratio scribendi*.

Le mérite de M. Callery (et nous lui devons pour cela une extrême reconnaissance) est d'avoir publié sur les phonétiques un travail analogue à celui des Chinois sur les radicaux[1]. Les Chinois ont, comme on sait, divisé les radicaux par familles, dans la vue de classer leurs caractères. Mais il y a autre chose qu'un radical dans un caractère composé; le radical n'est même que l'élément accessoire; c'est la phonétique qui est la partie principale, et d'ailleurs les phonétiques sont plus nombreuses que les radicaux. Il y a deux cent quatorze radicaux dans le dictionnaire de *Khang-hi;* on compte mille quarante phonétiques dans le système de M. Callery; mille six cent quatre-vingt-neuf dans celui du docteur Marshman[2].

---

[1] « M. Callery's systema phoneticum scripturæ sinicæ will furnish « the scholar with all that has been said upon the primitives, and « aid the advanced student very much in comparing the meaning « of characters in which the same primitive is joined to different « radicals. » (Wells-Williams, *Easy lessons in Chinese,* préface, p. ii.)

[2] Voyez le *Chinese Repository,* vol. VII, pag. 255. De même que les Chinois ont réduit à 214 le nombre des radicaux, nous pourrons,

Toutefois cela est contesté, contesté surtout par ceux qui étudient le chinois, abstraction faite du langage et des dialectes. Si je montre, par exemple, la phonétique 林 *lin*, FORÊT, à un sinologue qui n'admet que l'ancien système ou le mode de classification par clefs, il ne distinguera dans ce caractère que la clef ou le radical 木 qui signifie *arbre*, qui est le soixante et quinzième du dictionnaire de *Khang-hi*, et marque dans la nomenclature le genre *arbre*. — « Oui, dirai-je, mais il y en a deux; lequel des deux est le radical? » — « Celui qui est à gauche, répondra le sinologue, 木 est une clef *dominante*; sa place est invariablement fixée. » — « A merveille! et que faites-vous de l'autre? » — « L'autre cesse d'être un radical, et devient dans le caractère un groupe de traits insignifiants et qui marque le son. » — « Oh! si ce groupe de traits marquait le son, il ne serait pas insignifiant. Mais voici une petite difficulté : est-il vrai que 木 indique ici la prononciation du caractère 林? 木 se prononce *mou*, d'après le dictionnaire de *Khang-hi*, et le caractère 林 se pronce *lin*. Ce sont là deux sons qui ne se ressemblent guère. »

Ne reconnaître dans un caractère que le radical ou l'élément idéographique, c'est omettre tout ce

par la suite, diminuer celui des phonétiques; mais, quoi qu'on fasse, il y aura toujours plus de phonétiques que de radicaux.

qui est fondamental dans l'écriture chinoise; c'est
nier qu'il y ait un rapport quelconque entre le caractère et le monosyllabe, entre l'écriture et le
langage; c'est, comme le dit un sinologue [1], se placer
au-dessous des laboureurs, des marchands et des
artisans de la Chine, qui savent se rendre compte
au moins de la valeur phonographique des signes.

M. Callery, frappé tout à la fois de l'importance
des phonétiques et des avantages qu'elles présentent
pour l'étude et la classification des caractères, a fondé
un système lexicographique, dans lequel il a divisé
les phonétiques par ordres ou familles, et substitué
un nouveau mode de classification au système des
clefs. Le Vocabulaire de M. Callery renferme environ
quatorze mille caractères chinois; malheureusement,
sur ces quatorze mille caractères, il en est un bon
nombre que l'on trouve, soit dans les notes de l'ouvrage, soit dans l'index des caractères omis, c'est-à-
dire en dehors du système et des ordres phonétiques
établis par l'auteur. L'exécution, comme on voit,
laisse beaucoup à désirer.

Mais des deux modes, du mode de classification
par phonétiques ou du mode de classification par
radicaux, lequel est le meilleur?

Distinguons. Pour l'étude simultanée de la langue
savante et de la langue vulgaire, il me paraît que le
système des phonétiques est incomparablement supérieur au système des radicaux, parce que la lecture de tous les monuments exige la connaissance

[1] M. Callery.

d'un très-grand nombre de caractères, et que le système des phonétiques, bien compris, augmente et fortifie la mémoire.

Pour l'étude du kouan-hoa ou de la langue commune, il me paraît, que le système des radicaux, avec les sous-ordres imaginés par mon savant maître M. Stanislas Julien, sous-ordres qui remplacent avantageusement l'alphabet factice du P. Gonçalvez dans le système de M. Callery, est supérieur au système des phonétiques. Quelle nécessité, après tout, de savoir mille quarante phonétiques pour apprendre trois mille caractères?

La classification des signes est un point des plus controversés. Quoi qu'on en pense, il est à regretter que le *Systema phoneticum scripturæ sinicæ*, malgré toutes ses imperfections, n'ait pas vu le jour il y a cent cinquante ans. Ne l'oublions jamais, c'est le système des clefs qui a donné naissance aux plus folles imaginations sur la langue et l'écriture des Chinois. Je ne veux pas dire pour cela qu'il faille négliger les radicaux (et dans le système des phonétiques, on ne les néglige pas non plus), car qu'est-ce qu'une faute d'orthographe pour un Chinois?

Un Chinois fait une faute d'orthographe quand il met un radical à la place d'un autre, quand il écrit :

猩 *sing*, singe, pour 惺 *sing*, tranquille;

娥 *ngo*, belle femme, pour 蛾 *ngo*, papillon;

坊 *fang*, boutique, pour 房 *fang*, maison, etc.

La connaissance des radicaux, ou l'appropriation

exacte du radical à la phonétique, est donc, à la Chine, l'indice le plus sûr d'une bonne éducation; cependant les fautes de ce genre ne sont pas rares, même dans les livres. Les romans, les nouvelles, les pièces de théâtre et autres ouvrages de littérature imprimés à Canton, dans le Fô-kièn, et généralement dans les villes commerçantes, fourmillent de fautes d'orthographe. Cela prouve déjà que le public ne tient compte que des éléments vocaux des caractères, et que l'écriture, d'idéo-phonographique qu'elle est véritablement, tend à devenir phonographique.

Mais voici qui est encore plus remarquable.

Comment écrivent, à la Chine, les laboureurs, les artisans et les marchands?

A Canton, dans les provinces méridionales de la Chine et généralement dans tous les districts, où la population se livre au commerce et à l'industrie, les marchands, les artisans, ouvriers, domestiques, etc. se servent, pour écrire, de caractères qui diffèrent de l'écriture commune, quant à la forme et quant au sens. Et d'abord, les marchands font usage de l'écriture thsao, écriture populaire, extrêmement cursive et dans laquelle les caractères sont formés, pour ainsi dire, d'un seul coup de pinceau. Par exemple, ils écrivent 𠁥 pour 力 *li*, force; 㐅 pour 文 *wen*, caractères. Or, d'après les règles de cette écriture, l'élément idéographique des caractères disparaît, ou, ce qui revient au même, cet élément se confond avec l'élément phonétique. Ce n'est pas tout. Ces cararactères, dont ils se servent pour écrire, perdent la signification et le sens qu'ils ont, non-seulement dans les livres, mais encore dans tous les vocabulaires; c'est-à-dire que le marchand qui écrit une lettre ne s'attache qu'à la *prononciation* des caractères cursifs qu'il trace sur le papier, caractères dont il ignore presque toujours la *signification*. L'écriture du peuple est donc une écriture uniquement phonographique.

« D'où il arrive, dit M. Callery, que les étrangers qui connaissent les caractères, mais ne parlent pas le chinois, se trouvent hors d'état de déchiffrer une ligne d'un écrit populaire, tandis que les indigènes et ceux qui connaissent la prononciation chinoise n'éprouvent aucune difficulté à lire l'écriture du peuple, quoique souvent ils ignorent la signification des caractères [1]. »

§ III.

PARALLÈLE ENTRE L'ÉCRITURE ET LE LANGAGE.

On s'est étrangement mépris sur la nature de la langue chinoise parlée; on a confondu les noms ou les prononciations des caractères, qui ne sont que des monosyllabes, avec les mots de cette langue. Cependant les monosyllabes ne sont pas toujours des mots; il arrive même très-souvent qu'un monosyllabe n'est qu'une partie intégrante d'un mot, comme on

[1] *Introductio ad systema phoneticum scripturæ sinicæ*, pag. 19.

3.

le verra dans la section suivante. Déjà M. Abel-Rémusat a montré (§§ 284 à 297 des Éléments) par
quels artifices les Chinois obvient aux inconvénients
d'une langue *obscure*, dont chaque mot est inflexible
et qui *prête à trop d'équivoques*; comment les monosyllabes se multiplient par l'intonation et se réu-
nissent deux à deux ou trois à trois pour former
des mots composés. Il me semble, toutefois, que
M. Abel-Rémusat n'a pas été compris, puisque, aujourd'hui même, si je disais à un amateur de la phi-
lologie orientale : « Je connais tel MOT de la langue
chinoise qui s'écrit de 1165 manières différentes, »
ou bien « Je connais 1165 caractères, 1165 MOTS
qui se prononcent *i*, comme la voyelle de notre alphabet.—Je ne m'étonne pas, répondrait l'amateur,
sans se déconcerter, que les Chinois donnent le
même nom à 1165 objets différents; car je me
rappelle d'avoir lu dans la grammaire de M. Abel-
Rémusat qu'il y a un très-grand nombre de MOTS
homophones en chinois ; M. Abel-Rémusat parle
même, si j'ai bonne mémoire, d'un procédé que les
Chinois ont inventé pour accoupler les mots entre
eux, *afin de pouvoir s'entendre en parlant.* »

Ce qui fait que M. Abel-Rémusat n'a pas été
compris, c'est qu'il assimilait à tort les caractères
aux mots de la langue parlée ; c'est qu'après avoir
dit « la langue n'est pas monosyllabique, » il ajoutait
« il y a dans la langue autant de *mots* qu'il y a de
caractères, » quand on savait que les noms des caractères sont tous monosyllabiques ; c'est qu'il pre-

nait tour à tour les *mots* pour des *syllabes* et les *syllabes* pour des *mots* [1]; c'est qu'on rencontre dans
les meilleurs paragraphes de sa grammaire des assertions inexactes ou des termes impropres qui jettent
dans l'erreur; c'est enfin parce que sept ou huit paragraphes, que je pourrais indiquer, n'ont véritablement un sens précis que dans le système (système étrange) où l'on regarde la langue écrite comme
préexistante à la langue parlée [2]. Par exemple, je ne
conçois pas comment un homme qui avait autant
de perspicacité et d'esprit, un écrivain, dont les mémoires sont pleins d'érudition, pleins d'idées ingénieuses et d'aperçus vrais, s'est décidé à émettre
une opinion comme celle-ci : « POUR QU'ON PÛT S'EN-
TENDRE EN PARLANT, on a substitué des mots composés aux termes simples, qui prêtaient à trop d'é-
quivoques, à cause des MOTS HOMOPHONES » (page 36
des Éléments).

[1] « Tout *mot* chinois doit être prononcé suivant une des quatre
intonations qu'on nomme *ssé-ching*. Ces intonations fixent le sens
des mots, et établissent entre eux une différence qu'il est utile de
conserver. (§ 49 des *Éléments*.) Il y en tout 450 *syllabes*, portées à
1203 par la variation des accents. (§ 56.) Ces 1200 *syllabes* servant
à prononcer plusieurs milliers de caractères, il est évident que chacune devra répondre à plusieurs caractères, ou ce qui revient au
même, que beaucoup de caractères, ayant des significations di-
verses, se prononceront exactement de la même manière, etc. etc. »
Cette confusion du monosyllabe et du mot se renouvelle d'un bout
de la grammaire à l'autre.

[2] « C'est un résultat prodigieusement curieux du travail de
M. Rémusat, de voir l'écriture *naître, pour ainsi dire, avant la
société.* » (Ampère, *De la Chine et des travaux de M. Abel-Rémusat*
Voyez la Revue des deux Mondes, numéro du 14 novembre 1832.)

J'avoue qu'il m'est impossible d'admettre, avec l'illustre auteur, qu'aucune langue ait jamais été formée de cette manière. Je ne rechercherai donc pas, dans la section suivante, comment se sont faits les mots de la langue chinoise; je me bornerai à rechercher comment les mots sont faits; mais, avant de traiter cette question si délicate, établissons un parallèle entre l'écriture et le langage.

Est-il vrai qu'il y ait dans la langue chinoise un très-grand nombre d'*homonymes* ou de *mots homophones?*

Le chinois n'a que 35o monosyllabes absolument distincts. Voilà, dira-t-on, tout le matériel de la langue. Mais d'abord, le matériel des mots se trouve réduit à ce nombre, parce que nous manquons, dans notre système orthographique français, des signes nécessaires pour exprimer tous les monosyllabes de la langue chinoise. Voyez plutôt. Dans le système orthographique français, la lettre *h* placée devant *a, o, ô* et *ou* prend la valeur du *j* des Espagnols, ou de la *jota;* la même lettre placée devant un *e* ou un *i* acquiert un son sifflant, analogue au *ch* allemand, suivi d'une voyelle brève. On trouve dans cette langue le ع des Arabes et le ł des Polonais (§ 46 des Éléments). Presque toutes les consonnes fortes et aspirées expriment des articulations propres aux Chinois. Il en est de même des triphtongues pour les vocales; car chaque peuple a sa manière particulière de modifier sa voix. La variété des sons est plus grande encore dans les dialectes de Canton et du Fô-kièn [1]. Mgr Taberd distingue dans l'idiome cochinchinois douze voyelles simples, trente et une diphtongues, vingt et une triphtongues, vingt-six consonnes initiales et huit consonnes finales [2]. Ainsi, à cela près de quelques consonnes, les Chinois ont toutes nos articulations, toutes nos vocales, et il s'en faut de beaucoup que nous ayons toutes les articulations, toutes les vocales des Chinois.

On voit déjà qu'indépendamment de cette mélopée, si nécessaire et en même temps si hardie, qu'on appelle l'intonation, l'élocution chinoise est encore servie par des nuances d'articulation extrêmement délicates; mais l'intonation ajoute au nombre des monosyllabes. Elle peut en doubler, tripler et même quadrupler le nombre dans le kouan-hoa ou la langue commune; elle peut en quintupler, sextupler, septupler et octupler le nombre dans le dialecte de Canton. L'intonation ou l'accentuation des monosyllabes domine dans les provinces du Midi; l'aspiration dans les provinces du Nord. Dans la langue commune, on n'emploie que cinq tons; on en compte huit dans les dialectes de Canton et

[1] Voyez le *Chinese Repository*, vol. VI, pag. 579, et vol. VII, pag. 57. Consultez aussi la préface du Dictionnaire de Medhurst (*Dictionary of the Hokkĕen dialect*), le Vocabulaire de Dyer (*Vocabulary of the Hokkĕen dialect*) et l'Introduction à la chrestomathie de Bridgman.

[2] Voyez la préface du *Dictionarium anamitico-latinum*, inceptum à P. J. Pigneaux, dein absolutum et editum à J. L. Taberd. Serampore, 1838.

du Fô-kièn, quatre tons élevés et quatre tons bas.
En général, on trouve, selon la remarque de M. Callery, que l'intonation devient plus forte à mesure
qu'on s'éloigne de la capitale et des provinces du
Nord, c'est-à-dire du foyer des arts, des sciences et
de la civilisation. Ainsi l'accentuation est plus puis-
sante dans le dialecte cochinchinois que dans le
dialecte de Canton, plus forte dans le dialecte de
Canton que dans ceux du Fô-kièn, plus perceptible
dans les dialectes du Fô-kièn que dans celui de Pékin, où elle n'a plus qu'une valeur fugitive et presque
insaisissable [1].

Cependant, le témoignage de M. Callery se trouve
en contradiction avec celui d'un interprète habile.
M. Gutzlaff affirme que, sans l'intonation, la langue
chinoise parlée n'est plus qu'un jargon inintelligible,
a mere unintelligible jargon[2]. Je suis incompétent
lorsqu'il s'agit des intonations chinoises ; il me
semble, toutefois, que M. Gutzlaff est inexcusable
d'avoir étendu son assertion au kouan-hoa ou à la
langue commune. Que la connaissance des tons soit
indispensable à quiconque veut parler les dialectes du
Fô-kièn ou le dialecte de Canton, je le crois sans
difficulté ; mais, j'ose le dire, il n'en est pas, il n'en
peut pas être ainsi du kouan-hoa ou de la langue
commune. La raison en est fort simple : c'est que,
dans le kouan-hoa, les monosyllabes s'agrégent pour

---

[1] Callery, *Introductio ad systema phoneticum scripturæ sinicæ*,
pag. 72.

[2] *Notices on Chinese grammar*, part. 1, by Philo-Sinensis, pag. 7.

former des mots, et que les monosyllabes, en s'a-
grégeant, perdent nécessairement quelque chose
de l'intonation particulière qui leur est affectée.
Nous autres, Français, nous prononçons fort mal
l'anglais; nous ne distinguons pas les voyelles longues
des voyelles brèves. Quand nous parlons, nous ne
mettons aucune différence entre les mots *ill*, *eel*,
hill, et *heel; it, eat, heat, hit, etc.* et pourtant les Anglais nous comprennent. Or, il y a plus de mots
vraiment monosyllabiques dans la langue anglaise
que dans le kouan-hoa[1].

Revenons au reproche d'homonymie ou d'homophonie, si l'on veut. Je vais indiquer la source où
M. Abel-Rémusat a puisé les notions imparfaites et
confuses qu'il donne du système lexicologique chinois. C'est un mémoire du P. Cibot intitulé : *Essai
sur la langue des Chinois*, et inséré dans le tome VIII
des mémoires écrits par les anciens missionnaires de
Pékin.

«Avant tout, je proteste contre ceux qui ont dé-
bité que la langue chinoise ne compte que 350 mots.
Autant vaudrait dire que les Français n'ont qu'un
seul mot pour exprimer *aqua, laus, os, portiones*,
parce qu'un étranger ne saisira pas la différente prononciation des quatre mots *l'eau, los, l'os, lots;* il
en est de même en chinois. Un Européen qui veut
écrire les mots *tsin*, salive; *tsin*, parents; *tsin*, espèce

---

[1] Les Européens apprennent plus facilement et prononcent plus
correctement le kouan-hoa que les dialectes de Canton et du Fò-
kièn ; c'est un fait actuellement reconnu.

de riz; *tsin*, totalement; *tsin*, dormir; *tsin*, épuiser; *tsin*, nom de rivière, écrira *tsin*, et dira qu'un seul et même mot réunit toutes ces significations. Est-ce la faute du chinois si l'alphabet européen ne peut rendre les différences de prononciation et de ton qui distinguent *tsin* de *tsin*, *etc*. Une oreille chinoise ne s'y méprend pas plus qu'une oreille française aux mots *l'eau*, *los*, *l'os*, *lots*. J'ose ajouter même que la différence qu'un Chinois y met, en parlant, est plus claire et plus sensible. Or, par cette seule remarque, ajoute le P. Cibot d'un air de triomphe, voilà les 35o mots bien multipliés [1]. »

Pas beaucoup, aurait-on pu répondre au savant missionnaire; car, avec toutes vos inflexions de voix, vos aspirations, vos tons et vos accents divers, le nombre total des mots ne s'élève, de votre propre aveu et selon votre calcul, qu'à 1445 [2]. Or, j'avoue qu'un idiome de 1445 mots me paraît tout aussi stérile, tout aussi rude, tout aussi barbare qu'une langue qui n'en compterait que 35o. » M. Abel-Rémusat ne s'y était pas trompé d'abord. Cherchant à établir, ailleurs que dans sa grammaire, un parallèle entre la langue parlée et la langue écrite, l'académicien, toujours imbu des idées du missionnaire sur la lexicologie chinoise, s'exprime dans les termes suivants :

« La première (la langue parlée), pauvre et fort

---

[1] Voyez les Mémoires des missionnaires de Pékin, tom. VIII.

[2] A 12o3, suivant M. Abel-Rémusat, qui n'admet que quatre tons.

imparfaite, est celle *d'une tribu à peine civilisée ;* elle
consiste en *un petit nombre de sons continuellement
répétés* et qui fatiguent l'oreille ; *on peut l'apprendre
comme les autres en quelques mois,* si l'on se trouve au
milieu de gens qui la parlent. L'autre (la langue écrite),
riche en expressions et formée d'après des principes
savants, sert de moyen d'intelligence *à une nation
de philosophes :* elle se compose *d'une foule de symboles*
dont les combinaisons varient à l'infini et qui *satis-
font l'esprit et l'imagination,* à proportion de l'étude
plus ou moins approfondie qu'on en a faite[1]. »

Soutenir (et M. Abel-Rémusat l'a prouvé par des
témoignages irrécusables) que les Chinois étudient
depuis très-longtemps les langues étrangères ; puis,
affirmer, après cela, que la langue de ce peuple est
celle d'une tribu à peine civilisée, ce sont là deux
assertions qui me paraissent inconciliables et tant
soit peu contradictoires, si l'on songe, d'ailleurs, que
les Chinois ont des écoles, des colléges, des biblio-
thèques, des académies et des académiciens.

Que l'on me permette maintenant de citer un
autre passage du mémoire du P. Cibot, et la langue
changera d'aspect ou du moins apparaîtra dans un
autre jour. Cet idiome parlé des Chinois, si pauvre
et si imparfait, qui compte à peine 1445 mots, va
devenir *trop abondant.*

« Si on avait quelque défaut à reprocher à la langue
chinoise, écrit le P. Cibot, ce serait plutôt d'être
trop abondante. J'en prends à témoin les mission-

---

[1] Voyez les Mélanges asiatiques, tom II, pag 108.

naires qui l'ont étudiée avec le plus de succès. Après vingt et trente années, ils se trouvent sans cesse aux prises avec des termes qu'ils voient pour la première fois. Cela arrive aux plus habiles lettrés. Aucun d'eux ne s'est flatté de savoir assez sa langue pour n'être jamais embarrassé. Postel lui-même, avec son étonnante mémoire, n'aurait osé y aspirer. Rien de plus naturel que la manière dont les mots élémentaires et radicaux acquièrent une nouvelle signification par le mariage des uns avec les autres. Le damas, par exemple, se dit *touan* 緞 ; en ajoutant le mot *kin* 金 or, on a *kin-touan* 金緞 pour signifier *le brocart*, une étoffe brochée d'or. Le tabac se dit *yèn* 烟, le nez *pi* 鼻 ; en mariant ces deux mots, on a *pi-yèn* 鼻烟, tabac à prendre par le nez. *Hen* 恨 signifie haine, *hoai* 懷 porter dans son sein, comme une mère son enfant. Quoi de plus pittoresque que *hoai-hen* 懷恨, pour dire rancune? Il ne faut ni savoir les langues savantes, ni recourir aux livres, pour entendre de pareilles expressions. Elles portent leur glose et leur étymologie avec elles [1]. » Le savant missionnaire ajoute en note : « Ces mariages de mots ne sont guère que pour le discours et la conversation. Dans les livres, un caractère seul peint et démontre ce qu'on ne peut faire entendre qu'en plusieurs mots [2]. »

[1] Voyez les Mémoires des missionnaires de Pékin, t. VIII, p. 150.
[2] *Ibid.* pag. 208.

Telle est la théorie du P. Cibot sur la formation des mots composés. Elle a été adoptée par
M. Abel-Rémusat, qui la développe tant bien que
mal dans la seconde partie de ses Éléments. Certes,
je ne l'en blâme pas ; mais, dès qu'on adopte cette
théorie, dès qu'on cesse de regarder les caractères
comme des mots, le reproche d'homonymie ou d'homophonie tombe à l'instant même. Il y a en chinois,
comme dans toutes les langues, des sons très-communs et souvent répétés ; il y en a d'autres, au contraire, dont l'usage est fort rare ; du reste, la recherche de l'euphonie y est très-sensible. Il suffit,
pour s'en convaincre, de lire une page des dialogues
du P. Gonçalvez, dialogues qui sont écrits dans les
deux langues. Que l'on prononce le chinois comme
on voudra, de quelque manière qu'on le prononce,
on ne tardera pas à reconnaître que la lecture du
kouan-hoa est infiniment plus facile, plus coulante
que la lecture du *wen-tze* ; on y sentira enfin le
mouvement de la parole. La langue savante, précisément parce qu'elle n'est pas parlée, n'a rien de
la douceur et de la mélodie de la langue vulgaire ;
ce qui ne veut pas dire que la langue chinoise soit
très-douce ni très-mélodieuse, si on la compare à
la langue italiennne ; mais toujours est-il que la
langue vulgaire, prononcée comme on la prononce,
avec les modifications établies par l'usage, est moins
rude et moins nasillarde que la langue savante.

Les monosyllabes chinois les plus communs sont
i, tche, iu, ki, si, tchou, fou, etc. *I* a 43 ordres pho-

nétiques, sans tenir compte du radical ou du signe idéographique qui détermine le sens de chaque phonétique[1]; *tche* a 42 ordres phonétiques, *iu* 33, *ki* 29, *si* 25, *tchou* 25, *fou* 21, c'est-à-dire que chacun de ces monosyllabes, toujours sans tenir compte du signe idéographique, s'écrit de 43, 42, 33, 29 et 25 manières différentes. Voilà qui est fort embarrassant, dira-t-on ; je ne le nie pas. La surabondance des signes factices dans l'écriture chinoise provient de la nature même de cette écriture ; mais, si nous n'avons que deux *i* voyelles dans notre alphabet, puisque l'*y* n'est pas autre chose, la vocale *o*, d'après nos grammairiens, se représente en français de 43 manières différentes. M. Charles Nodier pense, à ce sujet, que l'alphabet est la plus sotte des turpitudes ; un Chinois n'en dirait peut-être pas autant. Puis, si l'on veut bien y prendre garde, *i* n'est pas un mot, *tche* n'est pas un mot, *iu* n'est pas un mot. Le monosyllabe chinois *i* n'est pas plus un mot que la première syllabe *i* des mots français *idée, image, Italie, ivresse*. Je n'insiste pas sur ce point ; cette discussion rentre naturellement dans la section prochaine, où je traiterai des mots de la langue.

Il est d'autres monosyllabes, au contraire, qui sont d'un usage excessivement restreint et ne forment qu'un ordre ou une famille phonétique. Tels sont *fang, ngang, hang, je, jeng, niu, nou, nuen, noung,*

---

[1] Ces 43 ordres phonétiques fournissent ensemble 1165 caractères. Ainsi, le monosyllabe *i*, j'en ai déjà fait la remarque, s'écrit en chinois de 1165 manières différentes.

sang, *etc.* A prendre ces monosyllabes pour des mots, on trouverait parfois qu'il y a autant d'homonymes ou d'homophones dans notre langue que dans la langue chinoise; car, pour ne citer que la phonétique 桑 *sang*, qui se prononce comme le mot français *sang*, et signifie *mûrier*, on voit qu'elle ne fournit en tout que cinq caractères. Ce sont :

燥 *sang*, maladie des chevaux;

礛 *sang*, piédestal d'une colonne;

搡 *sang*, repousser;

顙 *sang*, le front;

嗓 *sang*, la gorge.

Le même son s'écrit en français de six manières différentes et fournit six mots, à savoir :

Cent, n. de nombre.

Sang, s. m.

Sans, prép.

S'en, pron. et art.

Sens, s. m.

Sent, v.

Mais, encore une fois, les caractères que je viens de citer ne sont pas des mots, et le reproche d'homophonie tombe dès qu'on cesse de prendre les caractères pour des mots. Quelqu'un s'est-il jamais avisé d'écrire que la langue française, qui compte des mots par milliers, est plus riche que l'alphabet, parce que l'alphabet n'a que 24 lettres? Je ne le

pense pas et j'ai quelques raisons d'espérer qu'avec
le temps, on cessera aussi d'opposer les 350 ou 1445
monosyllabes chinois aux 43,496 caractères du dictionnaire de Khang-hi, pour prononcer ensuite que la
langue parlée est plus pauvre que la langue écrite.
Le chinois vulgaire ne prend à la langue savante
que 3000 caractères au plus [1]; je veux dire qu'avec
3000 caractères les Chinois peuvent écrire comme
ils parlent. Avancera-t-on que la langue vulgaire est
moins riche que la langue savante, parce que celle-ci
dispose de 30,000 caractères, au lieu de 3000? Ce
serait, à mon sens, une erreur. La langue savante
exige l'emploi d'un grand nombre de caractères,
pour deux raisons : la première, parce qu'elle n'a
pas autant de mots composés que la langue vulgaire, si toutefois elle en a; la seconde, parce qu'elle
est infiniment plus étendue que la langue parlée.

La langue savante est une langue impénétrable
pour le peuple ; elle renferme le secret de la politique des Chinois et de la longue durée de léurs
institutions. C'est une langue encyclopédique, ou
plutôt elle se compose d'une multitude de langues
spéciales, dont chacune a sa nomenclature et sa

---

[1] « Some have said that 2000 were enough, not considering the
« increased number of ideas, which will need to be conveyed by
« persons writing on literary and religious topics. The result to
« which we have come is, that for the common purposes of life, the
« above number would be nearly sufficient... » (*Gutzlaff's Notices on
the Chinese grammar*, part. 1, pag. 14). Voyez aussi la Table de
M. Dyer (*Dyer's Table of the most common characters*). L'auteur
porte à 3,232 le nombre des caractères communément usités.

technologie. Il lui faut des caractères pour l'histoire naturelle et l'astronomie, pour la botanique, pour la médecine, pour la jurisprudence, etc.

La langue vulgaire est une langue grammaticale et syntaxée comme les nôtres. A la place de la technologie et des nomenclatures si froides et si arides, elle possède tous les termes qui s'introduisent dans l'usage de la vie et les habitudes de la société. C'est la langue de la conversation, mais de la conversation avec ce qu'elle a de plus naïf, de plus fin et de plus délicat. On connaît, du reste, la politesse des Chinois. C'est aussi, dans sa partie la plus élevée, la langue littéraire de la nation.

A la langue savante, les antiquités, les inscriptions, la vieille mythologie, la chronologie, l'historiographie, la géographie, la médecine, la jurisprudence, tous les documents émanés de l'administration, les mémoires, les préfaces et la critique aussi. A la langue commune, le conte, la nouvelle, la comédie, le drame, le roman de mœurs, le roman historique, la chronique populaire, la légende fabuleuse et presque tous les ouvrages d'imagination. Le sinologue peut choisir ; il ne doit pas exclure.

§ IV.

DE LA SYNTHÈSE OU DE LA FORMATION DES MOTS COMPOSÉS.

Après avoir établi, dans la première section de ce Mémoire, la distinction de la langue écrite et de la langue vulgaire; signalé, dans la seconde et la troisième, les rapports qui subsistent entre l'écriture et le langage, il me reste à exposer, dans la quatrième, le système lexicologique ou la théorie de la formation des mots.

Le système lexicologique des Chinois est fort simple et d'ailleurs très-régulier. Il consiste uniquement à former les mots par la méthode de la *composition*, c'est-à-dire *à combiner*, suivant des règles qu'il importe de fixer, *les termes simples* ou *les racines élémentaires de la langue*. Opposons donc, comme nous l'avons toujours fait jusqu'ici, la langue vulgaire à l'idiome savant; c'est le seul moyen d'approfondir les secrets de la lexicologie chinoise, de reconnaître la valeur et de découvrir l'analogie philosophique des termes simples ou des radicaux dans les mots composés.

Dans la langue savante, les mots sont, en général, des termes simples. J'appelle *terme simple* UN MONO-SYLLABE ÉLÉMENTAIRE ET RADICAL, QUI S'ÉCRIT AVEC UN SEUL CARACTÈRE ET EXPRIME UNE IDÉE. Tels sont :
房 *fang*, maison; 身 *chén*, corps; 孝 *hiao*, piété filiale; 和 *hô*, concorde; 父 *fou*, père; 母 *mou*, mère; 生 *seng*, vie; 官 *kouan*, mandarin; 商 *chang*, marchand, etc. etc.

Dans la langue vulgaire, les mots sont, en général, des mots composés. J'appelle *mot composé* UN MOT FORMÉ DE L'AGRÉGATION DE PLUSIEURS MONOSYLLABES ÉLÉMENTAIRES ET RADICAUX, QUI S'ÉCRIT AVEC PLUSIEURS

CARACTÈRES, ET N'EXPRIME CEPENDANT QU'UNE IDÉE. Tels
sont :

1. — MOTS COMPOSÉS, FORMÉS DE L'AGRÉGATION DE DEUX MONOSYLLABES.

房子 *fang-tze* [1], maison; 身子 *chên-tze*,
corps; 孝順 *hiao-chouen*, piété filiale; 和順
hô-chouen, concorde; 父親 *fou-th'sin*, père; 母
親 *mou-th'sin*, mère; 生命 *seng-ming*, vie; 官
府 *kouan-fou*, mandarin; 商人 *chang-jén*, marchand, etc. etc.

2. — MOTS COMPOSÉS, FORMÉS DE L'AGRÉGATION DE TROIS MONOSYLLABES.

千里鏡 *th'sièn-li-king*, télescope; 時辰表
che-tch'hén-piao, montre; 十字架 *che-tze-kia*,
croix; 頭生兒 *th'eou-seng-ell*, fils aîné; 朋友
們 *ph'oung-yeou-men*, amis; 鄉巴老 *hiang-pa-lèao*,
campagnard; 小母指 *siao-mou-tche*, petit doigt;

---

[1] Voyez, pour la prononciation des mots chinois, le chapitre ix
de l'introduction au système phonétique de M. Callery. On sait que
l'auteur est aujourd'hui drogman du Consulat de France à Canton;
mais, profitant de l'exemple de M. R. Thom, je n'ai point marqué
l'intonation. « We humbly think that the marking of the sound of
« each caracter is just so much time and labour thrown away; —
« nay more, — it fatigues the eye and serves only to perplex the stu-
« dent. . . . . . . We repeat that all the diacratic marks in this world
« will never teach a man to pronounce chinese correctly. --- There
« is only one way of learning this: constant practice with natives. »
(*Esop's fables*, written in chinese, Introd. p. 20.)

好好的 *hao-hao-ti*, bon; 伶俐的 *linḡ-li-ti*, habile; 有錢的 *yeou-th'sièn-ti*, riche; 不公道 *pou-kounḡ-tao*, injuste; 爲甚麼 *wëi-chen-mo*, pourquoi; 了不得 *lèao-pou-tee*, extrêmement; 都有了 *tou-ycou-lèao*, assez, etc. etc.

3. — MOTS COMPOSÉS, FORMÉS DE L'AGRÉGATION
DE QUATRE MONOSYLLABES.

大母指頭 *ta-mou-tche-th'eou*, le pouce; 賣書的人 *maè-chou-ti-jén*, libraire; 讀書的人 *tou-chou-ti-jén*, lettré; 不拘何人 *pou-kiu-hô-jén*, quiconque; 通得明白 *th'ounḡ-tee-minḡ-po*, comprendre; 有德行的 *yeou-tee-hinḡ-ti*, vertueux; 做得來的 *tsô-tee-laï-ti*, possible; 做不來的 *tsô-pou-laï-ti*, impossible, etc. etc.

4. — MOTS COMPOSÉS, FORMÉS DE L'AGRÉGATION
DE CINQ MONOSYLLABES.

好奉承的人 *hao-founḡ-tch'henḡ-ti-jén*, flatteur; 出於意外的 *tch'hou-iu-i-waï-ti*, imprévoyable; 算計得來的 *souan-ki-tee-laï-ti*, calculable; 算計不定的 *souan-ki-pou-th'inḡ-ti*, incalculable, etc. etc.

Il faut observer :

1° Que les termes simples ou les mots de la

langue savante sont, relativement aux mots composés de la langue vulgaire, des monosyllabes élémentaires et radicaux, comme je viens de le dire,

Élémentaires, car ils forment les mots composés,
dont ils sont, à proprement parler, les éléments;

Radicaux, puisque les grammairiens appellent de
ce nom tout mot dont un autre est formé, soit par
dérivation, soit par *composition*.

2° Que toutes les racines élémentaires qui entrent
dans la formation des composés, sont des monosyllabes ou des mots usités dans la langue savante.

Suivant toutes les probabilités, il ne reste plus
de la langue primitive ou de la langue que parlaient
les anciens Chinois, que des onomatopées, quelques
mots très-courts, quelques monosyllabes consacrés
à l'expression des faits les plus familiers ou des plus
grands besoins de la vie. Faut-il croire, avec M. Ampère, que tous les monosyllabes de la langue primitive sont encore intacts, parfaitement conservés,
parce que les Chinois n'ont jamais fait usage de
l'écriture alphabétique? Est-il vrai que « le système
de l'écriture chinoise fixe et stéréotype, pour ainsi
dire, chaque monosyllabe, qui demeure comme in-
crusté dans le signe unique et immuable auquel il
est attaché [1]? » Ce sont là des questions intéressantes
et qui méritent de fixer l'attention. Or, pour les
éclaircir, l'art de la dialectique n'est pas nécessaire;
les faits suffisent. Interrogeons donc les faits.

---

[1] Ampère, *De la Chine et des travaux de M. Abel-Rémusat* (Revue
des Deux-Mondes, n° du 14 novembre 1832).

Et d'abord, quoiqu'il y ait pour chaque monosyllabe, pour chaque mot, pour toute la langue
enfin, une prononciation universellement arrêtée,
on a vu, dans la première section de ce Mémoire,
que la prononciation chinoise a varié dans tous les
temps et varie encore, au point que chaque district
de la Chine a sa manière particulière de prononcer
les mots. Les maîtres, les lexicographes ne sont pas
d'accord; *grammatici certant;* ils diffèrent entre eux
sur une foule de points; mais pourquoi diffèrent-ils?
Ne serait-ce pas, 1° parce que les traits élémentaires
de l'écriture chinoise ne représentent pas, comme
nos lettres, les éléments de la parole? 2° parce que
la prononciation des monosyllabes est une prononciation conventionnelle? 3° parce que cette prononciation ne peut s'acquérir et se conserver que par
l'usage et la tradition (et chaque district a sa tradition)? « There being no sound to chinese characters,
« derivable from their component strokes, as the
« sounds of english words are derivable from the
« letters of which they are composed, the true sound
« of any character can only be learned by rote [1]. »

Telle est la cause de la multiplicité des dialectes.
La prodigieuse multiplicité des dialectes et des patois vient précisément de ce que les Chinois n'ont
jamais fait usage d'une écriture alphabétique.

Mais pénétrons plus avant dans la question, ou
plutôt arrêtons-nous aux phonétiques, qui sont les

[1] Bridgman, *a chinese Chrestomathy in the Canton dialect*, introduction, pag. x

instruments, bons ou mauvais, sur lesquels toute la langue s'est articulée.

« L'écriture chinoise, dit M. Abel-Rémusat, a éprouvé, par l'effet du temps, deux sortes de modifications : la première n'a porté que sur l'extérieur et la forme des traits qui composent les caractères... A travers tous ces travestissements, la composition intime du caractère put rester et resta effectivement sans altération dans beaucoup de cas....... L'autre genre d'altération a attaqué les caractères dans leur structure intime [1]. » Il en est de même du langage, que le savant académicien n'avait pas jugé à propos d'examiner ; il en est de même de la parole ou des sons exprimés par les phonétiques. Telle phonétique a ses variantes, quant à la forme ou à l'écriture, et ses variantes, quant au son. Il y a des phonétiques d'origine idéographique, dont la prononciation a varié, comme la forme, avec le temps ; il y a des phonétiques qui se sont maintenues, perpétuées sans la moindre altération ; il y a enfin des caractères auxquels l'élément phonétique ne communique pas toujours sa prononciation. Citons quelques exemples ; la question, je le répète, vaut la peine d'être examinée.

[1] *Mélanges asiatiques*, tom. II, pag. 226.

Phonétiques.	Sons originaires ou primitifs.	Variantes ou altérations du son.	Phonétiques.	Sons originaires ou primitifs.	Variantes ou altérations du son.
甲	*kia*	*hia.* *ia.* *tcha.*	貫	*kouan*	*che.*
佳	*tchouéi*	*chouéï.* *souéï.* *touéï.* *houéï.* *wéï.* *tchouen.*	爾	*ell*	*lo.* *naï.* *ni.* *si.* *sièn.*
堯	*yao*	*jao.* *hiao.* *kiao.* *nao.* *chao.*	壽	*cheou*	*tch'heou.* *tchou.* *tao.*
亶	*tan*	*tchan.* *chèn.*	難	*nan*	*th'an.* *ni.* *no.*
堂	*th'ang̃*	*tcheng̃.*	施	*che*	*i.*
			帛	*po*	*mièn.* *kin.*

Ou je me trompe fort, ou il n'y a rien à ajouter à l'évidence de cette démonstration. La vérité est que le système de l'écriture chinoise ne se lie guère mieux que notre système alphabétique à l'immutabilité de la parole, à l'immutabilité des articulations et des voyelles.

Le langage n'en conserve pas moins, comme je l'ai dit en commençant, son caractère original et autochthone, parce que ce langage n'a subi aucun contact, aucun amalgame avec les autres. Toutefois, depuis que les Tartares sont devenus les maîtres de la Chine, plusieurs mots mandchous ont été *chinoisés*, dit le P. Cibot; mais, outre qu'ils ne s'écrivent pas et ne sont d'usage que dans la conversation, ils n'ont guère cours qu'à Pékin et aux environs[1]. On trouve aussi dans la langue chinoise des mots indiens et thibétains; les auteurs dramatiques et les romanciers s'en servent peut-être sans les entendre; il n'y a, je crois, que les bouddhistes et les savants du pays qui les comprennent[2].

Un vocabulaire complet de la langue chinoise vulgaire, où tous les mots reçus dans cette langue et autorisés par le bon usage seraient expliqués avec soin, dans un ordre méthodique et régulier, un tel vocabulaire n'existe pas encore. Les nationaux ont pour l'étude de la langue écrite d'excellents dictionnaires, mais ces dictionnaires ne renferment jamais les mots de la langue vulgaire et les locutions du style familier. Il y a, je le répète, des vocabulaires ou des manuels, à l'usage des jeunes Chinois qui apprennent à écrire le kouan-hoa. De ce nombre sont le 南北官話彙編 *Nan-po-kouan-hoa-wéi-pièn*, ou « Vocabulaire du kouan-hoa du Nord et du Midi, » et le 正音撮要 *Tchenğ-in-th'so-yao*, ou « Principes généraux de la langue commune. » Le Vocabulaire du kouan-hoa du Nord et du Midi, publié sous Kia-kinğ, en 1820, par le docteur Tchanğ-iu-tchenğ, est un excellent vocabulaire et un des ouvrages les plus utiles qu'on ait jamais publiés à la Chine. Il offre un avantage inappré-

---

[1] Voyez les Mémoires concernant les Chinois, t. VIII, p. 206.
[2] La lecture de plusieurs drames m'autorise à émettre cette opinion.

ciable, c'est d'établir parfaitement la distinction des dialectes de Pékin et de Nankin, chose dont on n'a pas la moindre idée dans notre pays. Tous les éléments de la langue vulgaire s'y trouvent réunis avec de bonnes interprétations. Malheureusement, les mots sont rangés d'après une classification qui n'est guère à la portée des étudiants. Le *Tchenḡ-in-th'so-yao* est un ouvrage plus complet et d'une date plus récente ; il fut publié sous Tao-kouaḡ (l'empereur actuel), en 1834, par un homme de lettres du district de 南海 *Nan-haï*, province de Canton. Tsinḡ-linḡ-kao (c'est le nom de l'auteur), après avoir parcouru, comme il nous l'apprend lui-même, presque toutes les provinces de l'empire, étudié à fond les dialectes du Nord et du Midi, particulièrement l'idiome de la capitale, mit au jour les « Principes généraux de la langue commune », manuel composé de quatre petits volumes chinois. Le premier contient, outre un bon nombre de dissertations, des patrons de phrases et des dialogues familiers [1] ; le second et le troisième présentent le vocabulaire de la langue parlée ; le quatrième est un traité de la prononciation chinoise, d'après le dialecte de Pékin. Le vocabulaire de la langue parlée renferme environ huit mille mots ou locu-

---

[1] M. Robert Thom a publié une traduction exacte d'un de ces dialogues dans son Vocabulaire anglais à l'usage des Chinois (voy. la fin de la première partie). Le texte original a été reproduit par M. Florent dans la Chrestomathie chinoise, destinée aux élèves de l'École des langues orientales.

tions [1], sur lesquels on compte à peine cent mots vraiment monosyllabiques.

Nous avons, pour l'étude des dialectes du Fô-kièn et de Canton, d'excellents ouvrages. Pour le dialecte du Fô-kièn, le Vocabulaire de Dyer (*Dyer's Hokkeen Vocabulary*) et le Dictionnaire de Medhurst (*Medhurst's Dictionary of the Hokkëen dialect*) se recommandent d'eux-mêmes. Pour le dialecte de Canton, outre l'intéressant ouvrage de M. Wells Williams (*Easy lessons in Chinese, especially adapted to the Canton dialect*), il faut citer la Chrestomathie de M. Bridgman (*Chinese Chrestomathy in the Canton dialect*), ouvrage exact, consciencieux, très-méthodique. Je le crois d'une grande utilité aux étudiants, et l'on peut y avoir une entière confiance, si l'on songe que M. Bridgman a choisi pour collaborateurs des sinologues tels que MM. J. R. Morrison, R. H. Thom et Wells-Williams.

Mais ce que nous n'avons pas, c'est un dictionnaire de la langue poétique des Chinois. Je doute qu'il nous en arrive un, si M. Stanislas Julien ne s'en mêle pas. Il y a bien quelque chose dans les grands dictionnaires de Morrison et dans l'*Arte china* du P. Gonçalvez; mais Morrison et le P. Gonçalvez étaient des hommes d'une érudition fort diffuse, le second surtout; ils savaient tous les deux immensément de mots; ils parlaient correctement le chinois. Or, la composition d'un dictionnaire poétique demande autre chose que l'érudition d'un drogman.

[1] C'est à peu près le fond de nos langues européennes.

Elle demande un tact exquis, une très-grande perspicacité, la connaissance d'une foule d'usages, de superstitions, de traditions, de légendes, d'événements remarquables, ou d'originalités piquantes, l'intelligence parfaite des kĩng et des bons auteurs de l'antiquité, une mémoire inépuisable; et rien de tout cela ne manque à M. Stanislas Julien.

Inutile d'observer que la connaissance de la langue écrite sera toujours indispensable à quiconque voudra étudier les origines de la langue vulgaire. Autrement, comment pourrait-on découvrir le sens primitif et la valeur de chacune des racines du kouan-hoa, puisque telle a été l'influence de la langue écrite sur la langue parlée, que les mots les plus usités de la première sont devenus les racines de la seconde? La langue primitive des anciens Chinois, la vieille langue populaire, qui ne s'écrivait pas, et dont il reste à peine quelques vestiges, a disparu peu à peu ; elle a été remplacée par le *kouan-hoa*, qui s'écrit, et que les auteurs dramatiques, aussi bien que les romanciers de la dynastie mongole des Yuèn, ont pour ainsi dire fixée. Comment se fait-il, dira-t-on, que les racines élémentaires du kouan-hoa ou de la langue commune, de la langue que tout le monde parle, se retrouvent dans la langue *écrite*, c'est-à-dire dans un idiome artificiel et de convention qui n'a jamais été parlé ? Ce phénomène, unique peut-être au monde, s'explique naturellement par l'institution de la phonétique; de même que l'introduction dans le langage

de certaines locutions, de certaines phrases déta-
chées du texte des quatre livres classiques (livres
que les écoliers apprennent par cœur), s'explique
naturellement par l'influence de la littérature, l'institution des concours, la découverte de l'imprimerie
et le progrès des études. Mais, pour comprendre les
origines du kouan-hoa, il ne faut pas perdre de vue
qu'un dictionnaire de la langue savante (par exemple
le Dictionnaire de Kh'anğ-hi) n'est, relativement à
la langue vulgaire, qu'un dictionnaire ÉTYMOLOGIQUE,
c'est-à-dire un dictionnaire qui contient toutes les
racines élémentaires de la langue.

Or, quand une fois, dit Beauzée, on sait les racines primitives, et que l'on s'est mis un peu au fait
des particules propres d'une langue, on n'est plus
guère arrêté par les mots dérivés et composés, qui
font la majeure partie du vocabulaire.

La question de savoir si la langue chinoise est
monosyllabique ou polysyllabique n'est pas une
grande question; c'est une vaine question : on a
joué sur les mots. Le meilleur argument en faveur
du monosyllabisme est de M. Ampère. «Jusqu'à ce
qu'on trouve en chinois, dit l'habile philologue, un
mot de deux syllabes représenté par un seul caractère, il sera vrai de dire que le chinois est une langue
monosyllabique [1].» Mais c'est arguër à tort (j'en
demande bien pardon à M. Ampère, qui se trompe
rarement) de notre écriture alphabétique contre

<hr>

[1] Ampère, *De la Chine et des travaux de M. Abel-Rémusat.* (Extrait de la Revue des Deux-Mondes, novembre 1832, pag. 9.)

l'écriture idéo-phonographique des Chinois. Les Chinois n'ont point d'alphabet, partant, point de lettres. Avec quoi voulez-vous donc qu'ils écrivent les mots de leur langue, s'ils ne les écrivent pas avec leurs caractères. « Ces caractères, objecterez-vous, n'expriment que des monosyllabes. » La raison en est fort simple. Tout le monde sait que l'écriture a été très-précoce à la Chine; quand la phonétique a été instituée, si le monosyllabisme prédominait encore dans la langue parlée, qu'y a-t-il d'étonnant que la phonétique n'ait exprimé et n'ait jamais pu exprimer qu'un monosyllabe? car, qu'est-ce qu'une phonétique ou un caractère phonétique? N'est-ce pas un caractère originairement idéographique, qui a été pris comme signe d'un son et abstraction faite de sa signification? Mais, de ce que la langue chinoise a été monosyllabique il y a deux ou trois mille ans, doit-on en conclure qu'elle est monosyllabique *aujourd'hui*? Aujourd'hui que la langue a changé; qu'elle s'est étendue, modifiée et perfectionnée, il faut (la lettre alphabétique manquant), pour écrire un mot chinois, autant de caractères qu'il y a de syllabes ou de monosyllabes dans ce mot. Qu'on lise la vie de Napoléon, écrite, sous l'influence britannique, par quelque bachelier du céleste empire, on verra que l'auteur se sert de *quatre* caractères pour écrire le nom du conquérant, comme, nous autres, nous nous servons de *huit* lettres. Ces quatre caractères sont[1] :

[1] Voyez le recueil intitulé *Toung-si yang kh'ao*, 17ᵉ année de Tao-kouang (septembre 1837).

拿 破 戾 翁

Na -ph'o- li - ounğ.

Je le répète, cette question peut être une question académique; ce n'est pas une grande question. Monosyllabisme ou polysyllabisme, tant qu'on voudra, de telles locutions ne s'appliqueront jamais sans ambiguïté à la langue chinoise, qui n'a pas d'alphabet. Voici le véritable caractère de la langue et ce qu'il importe de savoir :

Presque tous les mots du chinois vulgaire, ai-je dit, sont des mots composés; il y a donc aussi des termes simples. Oui, mais DANS LA PLUPART DES CAS, UN TERME SIMPLE OU UN MONOSYLLABE CHINOIS, ISOLÉMENT ARTICULÉ, PRONONCÉ COMME ON VOUDRA, ET DE QUELQUE MANIÈRE QU'ON LE PRONONCE, N'EXCITE AUCUN SENS DANS L'ESPRIT. Toutefois, la langue chinoise a une propriété, que je n'ose point appeler distinctive, car elle est commune à beaucoup de langues; cette propriété, c'est la faculté, pour celui qui parle, DE DÉCOMPOSER UN MOT, et de substituer, quand il le juge à propos, un terme simple à un mot composé. Expliquons-nous.

Quand je dis : *Hier, en traversant la cour du Luxembourg, j'ai rencontré un pair qui sortait de la chambre,* le sens du mot *pair* est-il suffisamment indiqué? Celui qui m'écoute croira-t-il que je veux parler d'un *père de famille?* — Non, lorsque je m'exprime de la sorte, il est évident que ce monosyllabe *pair,* articulé par moi, présente à l'esprit de mon interlocu-

teur un sens identique à celui du mot *pair de France,*
comme si je prononçais ce mot composé. Le sens
du monosyllabe *pair,* quoique privé de ses adjoints,
est indiqué par le contexte.

Pair de France n'est pas un mot composé, dira-
t-on. — Je le veux bien; mais nous avons dans notre
langue des mots composés; nous disons : un *chef-*
lieu, un *porte-étendard,* un *pot-de-vin,* un *arc-en-ciel,*
des *coq-à-l'âne,* des *fouille-au-pot,* des *culs-de-basse-*
fosse, etc. etc. Prenons donc au hasard un mot composé, par exemple, le mot *ciel-de-lit,* formé de deux
noms unis par une préposition. Un homme, qui fa-
brique des *ciels-de-lit,* dit à sa femme : *J'ai vu au-*
jourd'hui un marchand qui m'a demandé trois ciels. Le
sens du monosyllabe *ciels* est-il clairement indiqué
dans cette phrase? — Sans nul doute; il est indiqué
par la circonstance de l'état qu'exerce ce fabriquant.

Ainsi, en prenant la langue française pour objet
de comparaison, on voit déjà qu'un monosyllabe,
élémentaire et radical, un monosyllabe qui sert à la
formation d'un mot composé, peut être mis, dans
certains cas, à la place du mot composé, sans qu'il
en résulte, dans l'esprit de celui qui écoute, la
moindre équivoque, la moindre incertitude, quant
au sens. Si l'on songe maintenant que les Chinois ne
substituent jamais un radical, un monosyllabe, un
terme simple à un mot composé, qu'après que ce
mot a déjà été exprimé, on ne fera nulle difficulté
d'avouer qu'un pareil usage, malgré l'homophonie
d'un très-grand nombre de monosyllabes, ne saurait

nuire, ni à la clarté du discours, ni à la communication de la pensée. De tous les mots composés, les
plus nombreux sont les mots formés de l'agrégation
de deux monosyllabes, élémentaires et radicaux. Il
arrive donc quelquefois qu'*un mot, composé de deux
monosyllabes, exprimé dans la première phrase, est à
moitié sous-entendu dans les autres.* Qu'importe qu'il
n'y ait qu'un monosyllabe, si ce monosyllabe suffit
pour réveiller, dans l'esprit de celui qui l'entend,
un sens total, un sens identique à celui qui a été
exprimé tout au long par le mot composé. Qu'on ne
pense pas d'ailleurs que cette faculté ne subsiste que
pour ceux qui peuvent en user; tout le monde en
use. C'est une opération que le peuple fait par habi-
tude, par sentiment, aussi bien que les lettrés. Le
dédoublement des mots s'explique naturellement
par les mêmes raisons [1].

On m'objectera peut-être que, dans certains ouvrages modernes, on rencontre parfois au commencement d'une phrase, d'une section ou d'un chapitre,
des termes simples ou de vrais monosyllabes, mis à
la place des mots composés. Je le nie formellement.
De tels mots ne peuvent se rencontrer que dans une
de ces compositions, que l'on appelle 半 文 半 俗
pan-wen-pan-sou, « moitié littéraires et moitié vulgaires, » ou dans un roman moderne, si l'auteur

---

[1] Le dédoublement des mots est un des plus grands avantages
et une des plus grandes beautés du chinois vulgaire. Prémare en
cite de nombreux exemples dans sa *Notitia linguæ sinicæ*, pag. 122
et suiv.

affecte quelque part d'imiter le ton des anciens. Dans la seconde partie de sa grammaire chinoise (§ 311), M. Abel-Rémusat cite une phrase tirée du roman *Iu-kiao-li.* La phrase dont je veux parler est celle-ci : 我 一 向 只 以 父 命 爲 重。 *wo i hiang tche i fou ming wéi tchoung.* « Jusqu'à présent, je n'ai considéré que les ordres de mon père. »

Voilà, dira-t-on, une phrase entièrement composée de monosyllabes ou de termes simples.—Oui, mais par malheur cette phrase ne se rapporte ni au style vulgaire, ni au style moderne; c'est du style ancien, si jamais il en fut; c'est une citation que le romancier met dans la bouche d'une jeune fille lettrée. Il y a certainement du *kouan-hoa* dans le Iu-kiao-li, et du *kouan-hoa* très-élégant; encore faut-il savoir l'y trouver.

Une erreur trop commune aujourd'hui, c'est de voir des termes simples là où il n'y en a pas. Le 聖諭廣訓 *Cheng-iu-kouang-hiun* (paraphrase du Saint-Édit) est à coup sûr un monument de la langue parlée, un livre fait tout exprès pour être lu à haute voix. J'affirme qu'on n'y trouvera jamais un terme simple mis à la place d'un mot composé; et cependant il arrive quelquefois que l'auteur se sert, pour écrire, de caractères que l'on prendrait au premier coup d'œil pour des termes simples, mais qui, au fond, n'expriment que des mots composés. Je n'en citerai qu'un exemple. On lit, au commencement du quatrième chapitre, la phrase suivante :

就 是 士 農 工 商。各 有 各 人 的 事
業。 *Tsieou-che sse-nouñ-kouñ-chañ, ko-yeou ko-jén-
ti sse-ié*. « Quant aux lettrés, aux laboureurs, aux
artisans et aux marchands, chacun d'eux a ses travaux particuliers. »

On serait tenté de regarder les quatre caractères
士 農 工 商 *Sse-nouñ-kouñ-chañ*. « Les lettrés,
les laboureurs, les artisans et les marchands, »
comme autant de mots ou comme quatre mots sépa-
rés. Cela n'est pas ; les quatre monosyllabes *sse-nouñ
kouñ-chañ* ne forment qu'un mot [1], un mot dérivé
de la langue savante, comme nous avons en français
des mots dérivés du latin, comme nous disons, par
exemple, des *pater noster*, des *bénédicité*, des *confiteor*,
des *accessit* et des *quiproquo*, avec cette différence
que le latin a été parlé et que la langue savante n'est
qu'un idiome artificiel et de convention. Chacun
des quatre caractères 士 農 工 商, prononcé
isolément, n'exciterait aucun sens dans l'esprit ; cela
est si vrai, que l'auteur de la paraphrase ou de l'explication, toutes les fois qu'il veut désigner séparément les lettrés, les laboureurs, les artisans ou les
marchands, n'emploie jamais seul un de ces quatre
caractères, un de ces quatre monosyllabes, un de ces
quatre termes simples. On trouve en effet, dans la
quatrième paraphrase, les locutions suivantes, qui
sont constamment répétées : 讀 書 的 士 子 們

---

[1] Voir le *Tcheng-in-th'so-yao*, ch. III.

Tou-chou-ti sse-tze-men. « Les lettrés. » (Six caractères au lieu du caractère 士). 庄稼漢 *Tchouang̃-kia-han.* « Les laboureurs. » (Trois caractères au lieu du caractère 農). 那做手藝的工匠 *Nâ tsô-cheou-i-ti koung̃-tsiang̃.* Les artisans. (Sept caractères au lieu du caractère 工). 那做買賣的商人 *Nâ tsô maï-maè-ti chang̃-jén.* « Les marchands. » (Sept caractères au lieu du caractère 商).

Si l'on ne veut pas regarder les quatre monosyllabes *sse-noung̃-koung̃-chang̃* comme une locution détachée du texte des 經 *king̃* ou des anciens livres, une locution qui s'est introduite dans la langue vulgaire, et a fini par devenir un mot composé, que l'on adopte au moins l'opinion de M. Gutzlaff[1] :
« A little study of the language soon convinces one,
« that it not merely consists of words, but in a great
« measure of sentences or phrases, which are used,
« as our law terms and proverbs. »

Le point décisif de la question n'est pas, comme on pourrait le croire, l'analyse du discours. Il y a dans la langue parlée une phraséologie compacte, indécomposable, dont les nationaux ne distinguent pas les éléments ; l'Européen seul analyse la phrase, et encore cela est fort difficile. Mais, avant de rechercher comment les Chinois associent les mots pour former des phrases, il faut examiner, avec le plus grand soin, de quelle manière les

[1] *Notices on Chinese Grammar,* part. I, pag. 23.

Chinois combinent les monosyllabes pour former des mots.

Tout monosyllabe chinois est un son distinct qui, *représenté par un caractère*, exprime toujours une idée.

Dans la plupart des cas, tout monosyllabe chinois, isolément articulé, ne signifie rien par lui-même, *abstraction faite du caractère* qui le représente, et n'exprime aucune idée.

Le sens d'un mot composé, c'est-à-dire d'un mot formé de l'agrégation de plusieurs monosyllabes, RÉSULTE DE LA TOTALITÉ DES SONS EXPRIMÉS PAR LES CARACTÈRES.

Un mot chinois peut être composé de quinze manières différentes :

1° **De** deux monosyllabes exprimés par deux caractères, dont le premier représente étymologiquement un substantif radical, et le deuxième la terminaison commune des substantifs ;

2° **De** deux monosyllabes, exprimés par deux caractères, dont le premier représente un substantif ou un participe, et le second une terminaison spéciale des substantifs ;

3° **De** deux monosyllabes, exprimés par deux caractères, dont le premier représente un nom de nombre, et le second un substantif radical ;

4° De deux monosyllabes ou deux substantifs radicaux, exprimés par deux caractères.

5° De deux monosyllabes ou de deux substantifs radicaux, exprimés par deux caractères, dont le premier est au génitif, et le second au nominatif;

6° De deux monosyllabes, exprimés par deux caractères, dont le premier représente un adjectif, et le second un substantif;

7° De deux monosyllabes exprimés par deux caractères, dont le premier représente un adjectif, et le second la terminaison commune des adjectifs;

8° De deux monosyllabes exprimés par deux caractères, dont le premier est une particule ordinale, et le second un nom de nombre cardinal;

9° De deux monosyllabes exprimés par deux caractères, dont le premier est un nom de nombre, et le second une particule numérale ;

10° De deux monosyllabes exprimés par deux caractères, dont le premier est un verbe auxiliaire, et le second un verbe actif, neutre, etc.

11° De deux monosyllabes exprimés par deux caractères, dont le premier est un verbe, et le second un substantif, complément du verbe;

12° De deux monosyllabes exprimés par deux caractères et représentant un adverbe ou une locution adverbiale;

13° De trois monosyllabes exprimés par trois caractères, et représentant un substantif, un adjectif ou un adverbe;

14° De quatre monosyllabes exprimés par quatre caractères, et représentant un substantif, un adjectif, un verbe ou un adverbe ;

15° De cinq monosyllabes exprimés par cinq caractères, et représentant un substantif ou un adjectif.

I. — MOTS COMPOSÉS DE DEUX MONOSYLLABES, EXPRIMÉS PAR DEUX CARACTÈRES, DONT LE PREMIER REPRÉSENTE UN SUBSTANTIF RADICAL, ET LE SECOND LA TERMINAISON COMMUNE DES SUBSTANTIFS.

La terminaison commune des substantifs *tze* est exprimée par le caractère 子 *fils*, qui est la clef de la filiation, de la production. Si l'on retranche d'un substantif chinois la terminaison commune 子 *tze*, ce qui reste est, à proprement parler, le radical du nom, le substantif des anciens livres ou de la langue savante. Les noms substantifs de cette classe ne manquent pas d'une certaine analogie avec les noms latins *corp-us*, *nas-us*, *domin-us*, *barb-a*, *barbul-a*, *argent-um*, *sedil-e*, *etc.* et la terminaison 子 *tze* semble répondre aux désinences ou aux terminaisons latines *us*, *a*, *um*, *e*, *etc.*

1. — Substantifs formés d'un radical
et de la terminaison *tze*.

身子 *chén-tze*, le corps.

鼻子 *pi-tze*, le nez.

頸子 *kinğ-tze*, le cou.

肚子 *tou-tze*, le ventre.

鬍子 *hou-tze*, la barbe.

女子 *niu-tze*, la femme.

妻子 *th'si-tze*, l'épouse.

妹子 *méi-tze*, la sœur cadette.

獅子 *sse-tze*, le lion.

驢子 *liu-tze*, l'âne.

日子 *je-tze*, le jour.

銀子 *in-tze*, l'argent.

椅子 *i-tze*, la chaise.

盒子 *ho-tze*, la boîte.

鞋子 *hiai-tze*, les souliers.

快子 *kh'ouaï-tze*, les bâtonnets, etc. [1].

Il faut observer que la terminaison commune *tze* peut s'adapter à un substantif formé de deux monosyllabes; ex. :

2. — Substantifs formés de deux monosyllabes
et de la terminaison *tze*.

兩口子 *léanğ-kh'eou-tze*, les époux.

小娃子 *siao-wa-tze*, les enfants.

[1] Petits bâtons dont les Chinois se servent pour manger.

女孩子 *Niu-haï-tze* une fille.

啞吧子 *yá-pa-tze*, un muet.

小家子 *siao-kia-tze*, un homme du commun.

野鴨子 *yé-ia-tze*, canard sauvage.

鏨刀子 *tsan-tao-tze*, ciseau (à sculpter), etc.

11. — MOTS COMPOSÉS DE DEUX MONOSYLLABES EXPRIMÉS PAR DEUX CARACTÈRES, DONT LE PREMIER REPRÉSENTE UN SUBS-TANTIF OU UN VERBE, ET LE SECOND UNE TERMINAISON SPÉ-CIALE DES SUBSTANTIFS.

Les terminaisons spéciales des substantifs sont 頭 *th'eou*, la tête; 人 *jén*, l'homme; 夫 *fou*, l'homme; 戶 *hou*, la famille; 匠 *tsiang̃*, l'artisan; 手 *cheou*, la main, etc.

1. Substantifs terminés en *th'eou*.

Ils sont formés, comme les précédents, de deux parties : la première est le radical du nom; la se-conde, la terminaison spéciale des objets matériels et de forme ronde, circulaire, unie, etc.

指頭 *tche-th'eou*, le doigt.

石頭 *che-th'eou*, la pierre.

日頭 *je-th'eou*, le soleil.

心頭 *sin-th'eou*, le cœur.

口頭 *kh'eou-th'eou* la bouche.

葱頭 *th'soung-th'eou*, les oignons.

饅頭 *man-th'eou*, le pain.

木頭 *mou-th'eou*, le bois.

磚頭 *tchouan-th'eou*, les briques.

斧頭 *fou-th'eou*, la hache.

馬頭 *ma-th'eou*, un port.

渡頭 *tou-th'eou*, un bac, etc.

2. Substantifs terminés en *jén*, *fou* et *hou*.

Ces terminaisons répondent aux terminaisons latines en *tor* pour le masculin et en *trix* pour le féminin. Les substantifs de cette classe sont formés de deux parties, savoir : d'un substantif radical ou d'un verbe qui exprime, soit une profession, soit un état particulier, une manière d'être, une action, et d'une terminaison qui désigne le sujet ou l'agent; ex.:

賣人 *maè-jén*, le marchand.

乞人 *kh'i-jén*, le mendiant.

線人 *sièn-jén*, l'espion.

窮人 *kh'ioung-jén*, le pauvre.

後人 *heou-jén*, les descendants.

鄰人 *lin-jén*, le voisin.

差人 *tch'haï-jén*, le messager.

主人 *tchou-jén*, le maître (propriétaire).

家人 *kia-jén*, le domestique.

農夫 *noung-fou*, le laboureur.

挑夫 *th'iao-fou*, le portefaix.

轎夫 *kiao-fou*, le porteur de chaise.

渡夫 *tou-fou*, le batelier.

屠戶 *th'ou-hou*, le boucher.

獵戶 *lié-hou*, le chasseur.

鋪戶 *ph'ou-hou*, le boutiquier.

店戶 *tien-hou*, l'aubergiste, etc.

3. Substantifs terminés en *tsiang* et *cheou*.

Ce sont des noms de métier formés de deux parties : la première est un substantif radical qui exprime la matière, l'objet; la seconde est une terminaison spéciale qui désigne l'agent; ex. :

鞋匠 *hiaï-tsiang*, le cordonnier.

木匠 *mou-tsiang*, le charpentier.

石匠 *che-tsiang*, le maçon.

鐵匠 *th'ié-tsiang*, le forgeron.

船手 *tch'houan-cheou*, le matelot.

水手 *choui-cheou*, le marin.

砲手 *ph'ao-cheou*, le canonnier.

書手 *chou-cheou*, le copiste, etc.

Il est visible que les substantifs chinois terminés en *jén*, *fou* et *hou*, sont parfaitement analogues (je ne parle ici que de la formation) aux mots composés des Anglais *husbandman*, laboureur; *huntsman*, chasseur; *waterman*, batelier; *tradesman*, marchand; *chinaman*, faïencier; *tinman*, ferblantier, etc. et que les substantifs terminés en *tsiang* et en *cheou* ne ressemblent pas moins aux mots *shoemaker*, cordonnier; *coachmaker*, carrossier; *hatmaker*, chapelier; *boxmaker*, layetier; *silversmith*, orfèvre; *locksmith*, serrurier.

Du reste, les terminaisons spéciales que je viens d'indiquer ne sont pas les seules; il y en a une foule d'autres. Il y en a pour toutes les nomenclatures savantes, pour la médecine, la botanique, la zoologie, l'ornithologie, l'ichtyologie, la minéralogie. Généralement, les termes propres à l'histoire naturelle, aux arts, aux manufactures, aux métiers, sont tirés de la langue vulgaire [1].

En parlant de la classification des caractères, M. Abel-Rémusat enseigne (§ 28 des Éléments) que « plusieurs classes forment de véritables familles naturelles où tous les caractères se ressemblent, par un signe générique, pour le sens, et diffèrent, par des signes spécifiques, pour le son. Telles sont, dit-il, les classes de l'*homme*, de la *femme*, des *arbres*, des *plantes*, des *quadrupèdes*, des *oiseaux*, et beaucoup d'autres. »

M. Abel-Rémusat enseigne encore (§ 7 des Élé-

[1] Voyez la Chrestomathie de M. Bridgman, chap. XIV.

ments) que « les caractères qu'on nomme 形聲
hing-ching, ou *figurant le son,* sont moitié représen-
tatifs et moitié syllabiques. L'une de leurs parties,
qui est l'image, détermine le sens et fixe le genre ;
l'autre, qui est un groupe de traits devenus insignifiants, indique le son et caractérise l'espèce. Ainsi,
le signe 里 , qui signifie *lieu* et répond au mot
chinois *li,* joint à l'image de poisson, forme le nom
du *poisson li* ou de la *carpe.* Le mot 白 *pe,* qui veut
dire *blanc,* ne porte que sa prononciation dans le
caractère composé de l'image d'arbre 柏 *pe,* qui
signifie *cyprès.* La plupart des noms des arbres, des
plantes, des poissons, des oiseaux et d'une foule
d'autres objets qu'il eût été trop difficile de représenter autrement, sont désignés par des caractères
de cette espèce. »

On sait maintenant ce qu'il faut penser de ces
images, de ces groupes de traits devenus *insignifiants,*
du MOT *li* et du MOT *pe ;* n'importe, admettons tout
cela. On conviendra toujours que la théorie de
M. Abel-Rémusat, si elle explique la formation des
caractères, n'explique pas le moins du monde la
formation des mots. Quand on a lu les deux paragraphes que je viens de citer, ou les quatre cent treize
paragraphes dont se composent les Éléments de la
grammaire chinoise, on peut se demander encore :
« Mais, dans le kouan-hoa, dans la langue commune,
dans la langue que l'on parle, comment sont formés
les noms des arbres, des plantes, des poissons, des oi-

seaux, des minéraux? etc. Ces noms sont-ils pourvus d'une terminaison spéciale? Peut-on distinguer, dans la langue parlée, comme on les distingue dans la langue écrite, les noms des arbres des noms des plantes, les noms des plantes des noms des poissons, les noms des poissons des noms d'oiseaux? etc. Comment nomme-t-on la *carpe* en chinois? Comment appelle-t-on le *cyprès*? » L'illustre auteur des Recherches sur les langues tartares, qui était plus curieux du mongol et du thibétain que des dialectes du céleste empire, n'a pas jugé à propos d'indiquer les procédés les plus communs du langage ou de la langue vulgaire des Chinois. Il est vrai que, dans les livres ou dans la langue écrite, le caractère 鯉 signifie une *carpe;* mais le monosyllabe *li*, affecté à la prononciation de ce caractère, n'est pas, comme le croyait M. Abel-Rémusat, le nom chinois de la *carpe*, pas plus que le même monosyllabe, affecté à la prononciation du caractère 梨 *poire*, n'est le nom chinois de la *poire*, pas plus que le mot *pear* n'est le nom anglais du *poirier*.

Voici le procédé. De même que dans l'écriture ou dans la langue écrite, les CARACTÈRES qui servent à représenter les arbres, les plantes, les poissons, les oiseaux, les minéraux, etc. se composent de deux parties, dont l'une fixe le genre et dont l'autre détermine l'espèce; de même, dans le langage ou dans la langue parlée, les NOMS des arbres, des plantes, des poissons, des oiseaux, des minéraux etc. se composent de deux parties, c'est-à-dire de deux, trois ou quatre monosyllabes, dont le dernier, qui fait l'office d'une terminaison, marque le genre, et dont les autres déterminent l'espèce. Ces noms chinois sont exactement formés comme les mots anglais *pear-tree*, poirier; *plum-tree*, prunier; *ash-tree*, frêne; *maple-tree*, érable; *mulberry-tree*, mûrier; *craw-fish*, écrevisse; *sea-fish*, poisson de mer; *cornelian-stone*, la cornaline; *load-stone*, l'aimant; *brim-stone*, le soufre, etc. etc. Dans la nomenclature 樹 *chou*, arbre, est la terminaison spéciale des noms d'arbres; 魚 *iu*, poisson, est la terminaison spéciale des noms de poissons; 鳥 *niao*, oiseau, est la terminaison spéciale des noms d'oiseaux; 石 *che*, pierre, est la terminaison spéciale des noms de minéraux; ex. :

Noms d'arbres.

梨樹 *li-chou*, le poirier.

柏樹 *po-chou*, le cyprès.

桃樹 *th'ao-chou*, le pêcher.

梅樹 *méi-chou*, le prunier.

桑樹 *sang-chou*, le mûrier.

竹樹 *tchou-chou*, le bambou.

槐樹 *hoaï-chou*, le frêne.

松樹 *soung-chou*, le sapin.

榆樹 *yu-chou*, l'orme.

木棉樹 *mou-mièn-chou*, le cotonnier, etc.

Noms de poissons.

鯉魚 *li-iu*, la carpe.

鯋魚 *cha-iu*, le requin.

花魚 *hoa-iu*, le goujon.

鱑魚 *hoañ-iu*, l'esturgeon.

鰍魚 *th'sieou-iu*, l'anguille.

狗吐魚 *keou-th'ou-iu*, le saumon.

鞋底魚 *hiaï-ti-iu*, ⎱ la sole.
比目魚 *pi-mou-iu*, ⎰

Noms de minéraux.

藍寶石 *lan-pao-che*, l'améthyste.

金鋼石 *kin-kh'añ-che*, le diamant.

紅寶石 *houñ-pao-che*, le rubis.

大理石 *ta-li-che*, le marbre (brun), etc.

Les noms de royaumes, de villes, de fleuves, de rivières, de montagnes, etc. sont tous pourvus d'une terminaison spéciale.

III. — MOTS COMPOSÉS DE DEUX MONOSYLLABES EXPRIMÉS PAR DEUX CARACTÈRES DONT LE PREMIER EST UN NOM DE NOMBRE ET LE SECOND UN SUBSTANTIF RADICAL.

Les substantifs de cette classe offrent des points de rapport avec quelques-uns de nos mots composés ou de nos termes de nomenclature, comme un *trois-mâts*, les *quatre-temps*, la *cinq-lignes*, un *six-doigts*, un *sept-œil*, des *huit-pieds*, etc. On dit à la Chine : *les deux-parents* pour « le père et la mère; » *les trois précieux* pour « la triade » (locution bouddhique); *les quatre-choses-précieuses* pour « le pinceau, le pa-pier, l'encre et la pierre à broyer; » *les cinq-éléments* pour « les éléments; » *les six-départements* pour « l'ad-ministration; » *les neuf-portes* pour « les portes de la capitale; » *les cent-familles* pour « le peuple, » etc. « D'après un usage fondé sur des distinctions systé-matiques ou d'anciennes traditions, dit M. Abel-Rémusat, certains nombres sont affectés à certaines classes d'objets. » (§ 78 des Éléments.) Cela est vrai; ajoutons seulement que la plupart de ces locutions se sont introduites dans la langue vulgaire, et y ont formé des mots composés; ex. :

二親 *ell-th'sin* (en anglais, *parents*).

三寶 *san-pao*, la triade.

四寶 *sse-pao*, un nécessaire.

五行 *ou-hing*, les éléments.

六房 *lou-fang*, l'administration.

七政 *th'si-tchêṅ*, les planètes.

八方 *pa-faṅ*, la boussole.

九門 *kieou-men*, les portes (de la capitale).

十全 *che-th'suèn*, la perfection.

百姓 *po-siṅ*, le peuple, etc.

IV. — MOTS COMPOSÉS DE DEUX MONOSYLLABES OU DE DEUX SUBSTANTIFS RADICAUX EXPRIMÉS PAR DEUX CARACTÈRES.

M. Abel-Rémusat démontre (§ 285 des Éléments) comment les *substantifs les plus communs sont formés de la réunion de deux termes synonymes, dont l'un n'ajoute rien au sens de l'autre, et de quelle manière aussi* (§ 286) *l'on réunit des termes simples, qui ne sont pas tout à fait synonymes, ou même qui ont une signification opposée.* Voilà pour l'étymologie; mais une observation plus attentive et plus minutieuse de la structure des mots et des procédés du langage y fera découvrir autre chose encore, c'est l'analogie de certains sons avec certaines idées. Il arrive très-souvent (M. Callery en convient lui-même) qu'il n'existe aucune affinité réelle, quant au sens, entre la phonétique et les composés qui en dérivent; toujours est-il que la recherche de l'expression imitative est plus sensible dans le chinois vulgaire que dans nos langues européennes. Chacun des sons vocaux de la langue chinoise semble adapté à une famille particulière d'idées. Par exemple, les sons vocaux *kiñ* et *keñ* sont consacrés aux mots qui représentent la lutte, la violence, le combat, le meurtre, etc. 競 *kiñ* signifie violent; 競 *kiñ*, disputer avec violence, se quereller; 痙 *kh'iñ*, frénésie, violemment; 劲 *kiñ*, dur, violent; 刭 *kiñ*, trancher la tête; 樫 *kiñ*, bois de fer; 挃 *kh'iñ*, frapper à la tête; 挭 *keñ*, tirer avec force; *kh'eñ* (Bas. 3,454), opprimer, etc.

Les sons vocaux *jou, jouèn, jouen, nouèn, nouen, no, neou*, sont particulièrement adaptés aux mots qui expriment la douceur, la tendresse, la mollesse, la délicatesse, la finesse, la souplesse, la faiblesse, l'indulgence, la patience, etc. 奧 *jouèn* signifie mou, tendre, délicat; 愞 *nouèn*, doux, timide; 愞 *jouèn*, délicat, indulgence; 偄 *nouèn*, faible, timide; 姬 *nouen*, tendre, délicat; 愞 *no*, faible; 懦 *no*, timide; 濡 *jou*, patience; 腝 *jou*, faible, tendre; 潤 *jouen*, doux, etc. *Touñ* et *tsouñ* marquent l'intelligence, la perspicacité; *mouñ* indique l'obscurité, la tristesse, etc. De ce procédé imitatif résulte une harmonie d'un genre particulier, une harmonie quelquefois désagréable, mais rarement fausse.

L'intelligence parfaite, la compréhension du système lexicologique des Chinois me paraît être réservée au philologue, qui ne dédaignera pas d'approfondir le procédé imitatif dont je parle ici, procédé qui a déjà été signalé avant moi par M. Medhurst, dans sa Grammaire chinoise, et M. Callery, dans son *Systema phoneticum*. Avec des notions insuffisantes, souvent même inexactes, on n'obtiendra pas le secret de la formation des mots. Ici l'étude des caractères ne saurait conduire à aucun résultat. L'étude des caractères n'expliquera jamais pourquoi le son vocal *hô* prédomine dans les mots composés 溫和 *wen-hô,* 和睦 *hô-mou,* 和雍 *hô-younḡ,* 相和 *sianḡ-hô,* 和平 *hô-ph'inḡ,* 太和 *th'ai-hô,* 和氣 *hô-kh'i,* qui, tous, signifient l'harmonie, la paix, la concorde. L'étude des caractères, abstraction faite du langage, n'expliquera jamais pourquoi le son vocal *hi* prédomine dans les mots composés 歡喜 *hoan-hi,* 喜樂 *hi-lo,* 喜悅 *hi-yuè,* 忻喜 *hin-hi,* qui, tous, expriment la joie[1]. Il y a, dans presque tous les substantifs formés de l'agrégation de deux termes simples, un monosyllabe, un son prédominant, qui exprime l'idée principale, puis un monosyllabe qui n'intervient dans la composition que pour produire ou favoriser l'euphonie; celui-ci exprime toujours une idée accessoire; ex. :

1. — Substantifs formés de l'agrégation de deux termes simples qui sont synonymes, ou dont l'un exprime une idée principale, et l'autre une idée accessoire.

父親 *fou-th'sin*, le père.

[1] *Notices on Chinese Grammar,* by Philosinensis, part. I, p. 19.

母親 *mou-th'sin*, la mère.

孝順 *hiao-chouen*, la piété filiale.

生命 *senḡ-minḡ*, la vie.

道理 *tao-li*, la raison.

歡喜 *hoan-hi*, la joie.

憂愁 *yeou-tch'heou*, la tristesse.

驚恐 *kinḡ-kh'ounḡ*, la crainte.

言語 *yèn-iu*, le langage.

意思 *i-sse*, la pensée.

比方 *pi-fanḡ*, la comparaison.

衣服 *i-fou*, les habits.

樹木 *chou-mou*, l'arbre, etc.

2. — Substantifs formés de l'agrégation de deux termes d'une
signification opposée.

父母 *fou-mou*, le-père-et-la-mère.

兄弟 *hiounḡ-ti*, les frères cadets.

夫婦 *fou-fou*, les époux.

左右 *tsó-yeou*, les domestiques.

鬼神 *kouéï-chên*, les génies.

東西 *tounḡ-si*, la chose.

買賣 *mai-maè*, le commerce.

牙齒 *ya-tch'he*, les dents.

衣裳 *i-tch'hang*, les vêtements.

問答 *wen-ta*, le dialogue.

遠近 *yuèn-kin*, la distance, etc.

V. — MOTS COMPOSÉS DE DEUX MONOSYLLABES OU DE DEUX SUBSTANTIFS RADICAUX EXPRIMÉS PAR DEUX CARACTÈRES DONT LE PREMIER EST AU GÉNITIF ET LE SECOND AU NOMINATIF.

Étymologiquement, les nombreux substantifs de cette classe sont analogues à nos mots composés : un *garde-des-sceaux*, un *aide-de-camp*, une *barbe-de-moine*, une *belle-de-nuit*, un *pied-de-biche*, etc. mais comme en chinois, lorsque deux noms sont en construction, le terme antécédent se place après le terme conséquent (Abel-Rémusat, $ 79 des Éléments), il s'ensuit que les substantifs composés formés de l'agrégation de deux substantifs radicaux, dont le premier est au génitif et le second au nominatif, offrent plus de ressemblance encore avec les mots composés des Anglais *bankbill*, billet de banque ; *featherbed*, lit de plume ; *seaport*, port de mer ; *seasickness*, mal de mer ; *china-ware*, porcelaine ; *church-warden*, marguillier, etc. On dit à la Chine le *seigneur du ciel* pour « Dieu ; » le *fils du ciel* pour « l'empereur ; » le *temple du ciel* pour « le paradis ; » les *fleurs du ciel* pour « la petite vérole ; » le *royaume du milieu* pour « la Chine ; » le *roi du pays*

pour «le roi;» le *feu des passions* pour «la concupiscence;» la *maison des livres* pour «la bibliothèque;» l'*art du calcul* pour «l'arithmétique;» le *vieillard
de la maison* pour «le supérieur (d'un monastère);»
le *souffle de la bouche* pour «l'haleine;» la *couleur du
visage* pour «le teint,» etc.

天主 *th'ièn-tchou*, Dieu.

天子 *th'ièn-tze*, l'empereur.

天堂 *th'ièn-th'anğ*, le paradis.

天花 *th'ièn-hoa*, la petite vérole.

中國 *tchounğ-kouè*, la Chine.

國王 *kouè-wanğ*, le roi.

慾火 *yo-hò*, la concupiscence.

書房 *chou-fanğ*, la bibliothèque.

算法 *souan-fa*, l'arithmétique.

方丈 *fanğ-tchanğ*, le supérieur (d'un monastère).

口氣 *kh'cou-kh'i*, l'haleine.

早飯 *tsao-fan*, le déjeuner.

晚飯 *wan-fan*, le souper.

井水 *tsinğ-chouï*, eau-de-puits.

雨水 *yu-chouï*, eau-de-pluie.

面色 *mièn-sse*, teint, etc.

VI. — MOTS COMPOSÉS DE DEUX MONOSYLLABES EXPRIMÉS PAR DEUX CARACTÈRES DONT LE PREMIER REPRÉSENTE UN ADJECTIF ET LE SECOND UN SUBSTANTIF.

Nous avons dans notre langue une foule de mots composés parfaitement analogues aux substantifs de cette classe. Nous disons un *esprit-fort*, un *faux-frère*, un *faux-fuyant*, un *faux-jour*, un *faux-monnayeur*, un *faux-pas*, une *sage-femme*, la *grand'-messe*, un *grand-oncle*, *etc.* On dit à la Chine l'*auguste ciel* pour « le ciel; » l'*auguste empereur* pour « l'empereur; » la *ville extérieure* pour « les faubourgs; » le *métal jaune* pour « l'or; » le *métal blanc* pour « l'argent; » le *légume blanc* pour « le chou; » un *vieux rat* pour « un rat; » un *vieux tigre* pour « un tigre; » le *cochon mâle* pour « le cochon; le *cochon femelle* pour « la truie; » ex. :

皇天 *hoang-th'ièn,* ⎱
上天 *chang-th'ièn,* ⎰ le Ciel.

皇上 *hoang-chang,* l'empereur.

北京 *po-king,* Pékin.

南京 *nan-king,* Nankin.

外城 *wai-tch'héng,* les faubourgs.

大寒 *ta-han,* un grand froid.

光棍 *kouang-kouan,* un filou.

老鼠 *lao-chou,* un rat.

老虎 *lao-hou,* un tigre.

公猪 *koung-tchou*, le cochon.

母猪 *mou-tchou*, la truie.

白菜 *po-th'saï*, le chou (*brassica alba*).

赤小豆 *tch'he-siao-teou*, haricots nains rouges.

VII. — MOTS COMPOSÉS DE DEUX MONOSYLLABES EXPRIMÉS PAR DEUX CARACTÈRES DONT LE PREMIER REPRÉSENTE UN ADJECTIF RADICAL, ET LE SECOND LA TERMINAISON COMMUNE DES ADJECTIFS.

La terminaison commune des adjectifs *ti* est exprimée par le caractère 的, qui est aussi la marque du génitif en chinois. Si l'on retranche d'un adjectif la terminaison commune 的 *ti*, ce qui reste est le radical du mot. 的 *ti* est donc aux adjectifs ce que 子 *tze* est aux substantifs; ex. :

白的 *po-ti*, blanc.

黑的 *ho-ti*, noir.

大的 *ta-ti*, grand.

小的 *siao-ti*, petit.

好的 *hao-ti*, bon.

惡的 *ñgo-ti*, mauvais.

快的 *kh'ouai-ti*, prompt.

善的 *chèn-ti*, vertueux, etc.

Un des principes fondamentaux du chinois vulgaire, c'est qu'un substantif, formé de l'agrégation de deux termes simples ou de deux substantifs radicaux, peut être pris successivement comme adjectif ou comme verbe, soit que la terminaison commune des adjectifs 的 *ti,* ou la marque ordinaire des verbes 了 *lèao,* accompagne les deux monosyllabes radicaux, soit que les monosyllabes restent privés d'une forme grammaticale quelconque. Ainsi le substantif composé 孝順 *hiao-chouen,* piété filiale, est formé de la réunion de deux termes simples ou de deux monosyllabes radicaux, dont le premier, 孝 *hiao,* piété filiale, exprime l'idée principale, et le second, 順 *chouen,* obéissance, représente l'idée accessoire. Avec ce substantif composé, on peut former à volonté un adjectif ou un verbe; ex. :

1° 那一個不知道孝順是好事。

Ná-i-kô pou tche-tao HIAO-CHOUEN *che hao-sse,* « Qui est-ce qui ne sait pas que la *piété filiale* (hiao-chouen) est une vertu? »

2° 你看這孝順的人。不聽信老婆的說話。 *Ni-kh'an tchee* HIAO-CHOUEN-TI *jén; pou th'ing-sin lao-ph'ô-ti choue-hoa,* « Voyez les hommes animés de *piété filiale* (hiao-chouen-ti); ils n'écoutent pas les bavardages de leurs femmes. »

3° 難道我們是他的兒子媳婦。
該當孝順他的麼。 *Nan-tao wo-men che th'a-ti ell-tze si-fou; kaï tanǧ* HIAO-CHOUEN *t'ha ti mo?* « Est-ce que vous êtes son fils? Est-ce que je suis sa bru? Sommes-nous donc obligés *d'avoir pour lui de la piété filiale* (hiao-chouen-th'a)? »

Voilà trois phrases tirées du *Chenǧ-iu-kouanǧ-hiun* (explication du saint édit); dans la première, 孝 順 *hiao-chouen* est un substantif; dans la seconde, un adjectif; dans la troisième, un verbe. Dans la première, *hiao-chouen* signifie *obsequentia;* dans la seconde, *obsequentes;* dans la troisième, *obsequi.*

VIII. — MOTS COMPOSÉS DE DEUX MONOSYLLABES EXPRIMÉS PAR DEUX CARACTÈRES DONT LE PREMIER EST UNE PARTICULE ORDINALE, ET LE SECOND UN NOM DE NOMBRE CARDINAL.

Les adjectifs de cette classe sont les nombres ordinaux des Chinois. La particule qui marque l'ordre, le rang, est 第 *ti;* elle se place toujours avant le nombre cardinal; ex. :

第一 *ti-i,* le premier.

第二 *ti-ell,* le deuxième.

第三 *ti-san,* le troisième.

第四 *ti-sse,* le quatrième.

第五 *ti-ou,* le cinquième, etc.

IX. — MOTS COMPOSÉS DE DEUX MONOSYLLABES EXPRIMÉS PAR DEUX CARACTÈRES DONT LE PREMIER EST UN NOM DE NOMBRE, ET LE SECOND UNE PARTICULE SPÉCIFIQUE.

Dans la langue parlée, un substantif chinois est ordinairement précédé d'une particule qui lui est propre. J'appelle *spécifiques* ces particules, nommées à tort *caractères numériques* par M. de Guignes (pag. 933 du Dictionnaire chinois, français et latin), et *particules numérales* par M. Abel-Rémusat (§ 113 des Éléments). Les Anglais les désignent aujourd'hui sous le titre de *the classifiers*. Voici les raisons qu'en donne M. Wells-Williams; elles me paraissent excellentes :

« This class of words has been denominated *nu-* « *merals,* but this term confounds them with the « proper numerals, with which they have no con- « nection, and it is otherwise inapplicable. The « term *classitive* or *classifier* expresses tolerably well « the office which this class of words fills; for each « one is used to define and designate a certain class « of objects, the members of which are supposed « to have some quality or circumstance in common « as size, use, material, form, etc. They are used « both in reckoning a large number, and in speaking « of individuals, but express the sort of thing spo- « ken of, and not the number of them. They are « similar to the English words *piece, sail, member,* « *gust, sheet, etc.* but are applied much more ex- « tensively than those words are, being used whe-

« never the sense requires any individuality. They
« are met with more frequently in spoken than in
« written language, and are best learned by studying
« phrases in which they occur. Their proper appli-
« cation is a point which requires particular atten-
« tion, for it will sound as incongruous to a chinese
« to hear the phrase 一條人 *yat t'iu yan* (i-th'iao-
« jén), or 一粒行 *yat nap hong* (i-li-hang̃), as it
« would to an englishman to hear a person talk
« of a *gust of horses*, a *sheet of wind* or a *herd of*
« *ships*[1]. »

Ces sortes de mots composés ont, comme on le
voit, de l'analogie avec nos locutions françaises *une*
PAIRE *de souliers*, *une* FEUILLE *de papier*, *un* COUP *de*
vent, *une* BALLE *de coton*, *une* GOUTTE *d'encre*, *une*
PIÈCE *de terre*, etc. ex. :

一對鞋 *i-touéi-hiaï*, une paire de souliers.

三張紙 *san-tchang̃-tche*, trois feuilles de pa-
pier.

一張桌子 *i-tchang̃-tchó-tze*, une table.

九塊大洋錢 *kicou-kh'ouaï-ta-yang̃-th'sièn*,
neuf dollars.

一條銅錢 *i-th'iao-th'oung̃-th'sièn*, une liga-
ture[2].

一陳風 *i-tch'hên-foung̃*, un coup de vent.

---

[1] *Easy lessons in chinese*, by S. Wells-Williams, pag. 123.
[2] Enfilade de 1000 deniers de cuivre.

一包棉花 *i-pao-mièn-hoa*, une balle de coton,

一點墨 *i-tièn-mo*, une goutte d'encre.

一段地 *i-touan-ti*, une pièce de terre.

一方猪肉 *i-fañ-tchou-jou*, un morceau de porc.

一段新聞 *i-touan-sin-wen*, une nouvelle; anglicè, *a piece of news, etc.*

X. — MOTS COMPOSÉS DE DEUX MONOSYLLABES EXPRIMÉS PAR DEUX CARACTÈRES DONT LE PREMIER EST UN VERBE AUXILIAIRE, ET LE SECOND UN VERBE ACTIF, NEUTRE OU IMPERSONNEL.

M. Abel-Rémusat enseigne ($ 366 des Éléments) qu'indépendamment de la réunion des verbes synonymes et des verbes auxiliaires, il n'est pas rare de trouver deux ou plusieurs verbes de suite sans conjonction. L'illustre auteur ajoute que ces verbes ressemblent à nos locutions françaises *faire savoir, laisser courir, envoyer dire, etc.*

De telles locutions ne constituent pas, à proprement parler, des mots composés. Il n'en est pas de même des expressions verbales formées avec le verbe auxiliaire 打 *ta* (frapper). On les trouve presque toutes dans le vocabulaire du P. Basile et dans le supplément de M. Klaproth. J'en citerai seulement quelques-unes :

打發 *ta-fa* envoyer (quelqu'un).

打點 *ta-tièn*, noter ;

打鼾 *ta-han*, ronfler ;

打醒 *ta-sing*, réveiller ;

打聽 *ta-th'ing*, examiner, etc.

**XI. — MOTS COMPOSÉS DE DEUX MONOSYLLABES EXPRIMÉS PAR
DEUX CARACTÈRES DONT LE PREMIER EST UN VERBE, ET LE
SECOND UN SUBSTANTIF COMPLÉMENT DU VERBE.**

On éprouvera d'abord quelque peine à regarder
comme des composés les mots chinois formés de la
réunion d'un verbe et d'un substantif ou d'un verbe
et de son complément. Toutefois, si l'on ne perd pas
de vue le principe que j'ai cru pouvoir établir, à savoir : *qu'un monosyllabe chinois, isolément articulé, prononcé comme on voudra, et de quelque manière qu'on le
prononce, n'excite d'ordinaire aucun sens dans l'esprit*,
principe qui n'est ni une supposition, ni un rêve,
mais un fait, on reconnaîtra que, dans les locutions
chinoises dont je veux parler ici, le verbe *élémentaire et radical* et le substantif *élémentaire et radical* sont aussi étroitement associés, aussi étroitement
unis que le verbe et le nom dans nos mots composés, un *brise-raison*, un *casse-tête*, un *couvre-feu*, un
garde-magasin, un *porte-étendard* et un *souffre-douleur*.
Jamais la locution chinoise 上船 *chang-tch'houan*
(s'embarquer) ne pourra être assimilée à la locution
latine *conscendere navem*. *Con-scend-ere* est un verbe
latin composé, un mot polysyllabique formé de trois

éléments, 1° de la préposition *con*, dont la forme simple est *cum* pour *com*; 2° du radical *scend*, dont la forme simple est *scand*; 3° et de la terminaison *ere*[1]. *Chang*, au contraire, n'est qu'un monosyllabe isolé, un radical qui, pris tantôt comme substantif ou comme adjectif, tantôt comme verbe, ne paraît susceptible d'aucun changement de forme, d'aucune modification et peut, d'ailleurs, signifier une infinité de choses. La langue latine est une langue morte; cependant, nous comprenons parfaitement le sens du mot *conscendere*, dès que ce mot est articulé par un Français, par un Anglais ou un Allemand. Il en est de même du mot *nav-em*, formé du radical *nav* et de la terminaison *em*, si on le compare au monosyllabe *tch'houan*. Ainsi, règle générale, quand un monosyllabe chinois, pris dans un sens verbal, n'est pas joint à un autre monosyllabe synonyme, pris également dans un sens verbal, ou à un verbe auxiliaire, il arrive presque toujours que ce monosyllabe, détaché de son complément, n'excite aucun sens, sinon dans l'esprit de celui qui parle, au moins dans l'esprit de celui qui écoute.

J'assimile volontiers aux mots composés des autres langues, des locutions telles que celle-ci, 讀 書 *tou-chou*, lire. Il faut toujours séparer, quant à l'analyse, la langue vulgaire *écrite* de la langue vulgaire *parlée*. Autre est l'analyse des caractères; autre

---

[1] *Méthode pour étudier la langue latine*, par J. L. Burnouf, page 101.

est l'analyse des mots. Assurément, quand je *vois* les deux caractères 讀書 *tou-chou* (legere libros), je distingue dans le premier 讀 *tou* (legere), un verbe actif, et dans le second 書 *chou* (libros), un substantif, complément du verbe actif; mais, quand j'entends prononcer les deux monosyllabes *tou-chou*, je ne distingue plus qu'un mot, et ce mot est un verbe intransitif ou un verbe actif (legere) dont le complément n'est pas énoncé. Au résumé, de deux choses l'une : ou les deux monosyllabes *tou* et *chou* sont unis dans la langue orale ou ils ne le sont pas.

S'ils sont unis entre eux et forment, comme je le crois, un mot dissyllabique, il faut, de toute nécessité, qu'il y ait ellipse, soit du verbe, soit du complément, car un mot peut fort bien être employé *successivement* comme verbe ou comme substantif, jamais comme verbe et comme substantif *à la fois*; le mot composé *tou-chou* ne saurait exprimer à la fois le verbe et son complément.

Si les deux monosyllabes *tou* et *chou* ne forment pas un mot dissyllabique, ils rentrent alors dans la catégorie de ces termes simples, qui, pris séparément, n'expriment aucune idée et ne forment de sens que par le rapport ou la relation qu'ils ont entre eux.

Voici des exemples de mots composés, représentant un verbe actif et un substantif (complément du verbe) dans la langue vulgaire écrite et un verbe

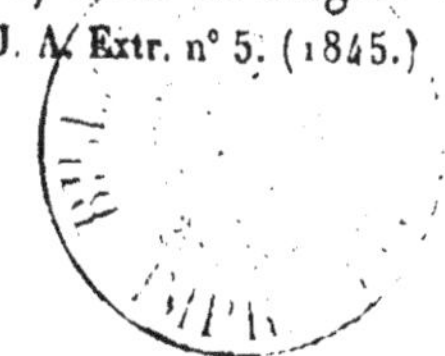

intransitif dans la langue vulgaire parlée. On dit à la Chine *lire un livre*, pour « lire; » *écrire des caractères*, pour « écrire; » *manger du riz*, pour « manger; » *boire du vin*, pour « boire; » *tuer un homme*, pour « tuer; » *exhorter un homme*, pour « exhorter; » *tromper un homme*, pour « tromper; » *monter sur un navire*, pour « s'embarquer; » *prendre une épouse*, pour « se marier; » *dire un mensonge*, pour « mentir, » etc.

讀書 *tou-chou*, lire;

寫字 *siĕ-tze*, écrire;

吃飯 *kh'i-fan*, manger;

吃酒 *kh'i-tsieou*, boire.

賭錢 *tou-th'siĕn*, jouer (de l'argent).

殺人 *cha-jĕn*, tuer.

勸人 *kh'iouĕn-jĕn*, exhorter.

騙人 *ph'iĕn-jĕn*, tromper.

上船 *chang-tch'houan*, s'embarquer.

取妻 *th'siu-th'si*, se marier.

說謊 *chouĕ-hoang*, mentir, etc.

XII. — MOTS COMPOSÉS DE DEUX MONOSYLLABES EXPRIMÉS PAR DEUX CARACTÈRES REPRÉSENTANT UN ADVERBE OU UNE LOCUTION ADVERBIALE.

Presque tous les mots chinois, nous l'avons déjà vu, peuvent être employés successivement comme substantifs, comme adjectifs et comme verbes ; comme substantifs, avec ou sans la terminaison commune des substantifs 字 *tze*, avec ou sans une terminaison spéciale ; comme adjectifs, avec ou sans la terminaison commune des adjectifs 的 *ti*; comme verbes, avec ou sans la marque ordinaire des verbes 了 *lèao*. J'ajouterai maintenant que certains mots chinois peuvent être employés comme adverbes ou pris dans un sens adverbial. Cela ne doit pas nous surprendre, puisque nous avons dans notre langue des adjectifs qui s'emploient quelquefois comme adverbes ; tels sont *fort, ferme, juste, haut, bas, soudain*, etc. dans frapper *fort*, frapper *ferme*, frapper *juste*, parler *haut*, parler *bas*, partir *soudain*; c'est-à-dire frapper *fortement*, frapper *fermement*, frapper *justement*, etc. etc.

Il y a donc des adverbes simples ; mais, indépendamment des locutions adverbiales, on fait encore usage d'averbes composés ; ex. :

Adverbes de lieu

逗裏 *tchee-li*, ici.

那裏 *na-li*, où.

裏面 *li-mièn*, dedans.

外面 *wai-mièn*, dehors.

處處 *tch'hou-tch'hou*, partout, etc.

Adverbes de temps.

今天 *kin-th'ièn*, aujourd'hui.

明天 *minḡ-th'ièn*, demain.

昨天 *tso-th'ièn*, hier.

時時 *che-che*, toujours.

平時 *ph'inḡ-che*, ordinairement.

有時 *yeou-che*, quelquefois.

豈時 *kh'i-che*, combien de temps, etc.

Adverbes de quantité.

多少 *tô-chao*, combien.

太過 *th'ai-kouô*, trop.

一些 *i-sié*, un peu.

一點 *i-tièn*, quelque peu, etc.

On trouve dans la langue chinoise des assemblages de mots qui font l'office de prépositions ou de conjonctions. Ce sont des locutions prépositives ou conjonctives, comme nous en avons dans notre langue, *à l'égard de, en faveur de, au surplus, par conséquent*. De telles locutions ne forment pas des mots composés.

XIII. — MOTS COMPOSÉS DE TROIS MONOSYLLABES EXPRIMÉS PAR TROIS CARACTÈRES ET REPRÉSENTANT UN SUBSTANTIF, UN ADJECTIF OU UN ADVERBE.

J'ai défini le mot composé un mot formé de l'agrégation de deux ou de plusieurs monosyllabes, qui s'écrit avec deux ou plusieurs caractères, et n'exprime cependant qu'une idée. J'ai dit que chaque caractère chinois, pris séparément et abstraction faite du *nom* qui lui est affecté, exprimait toujours une idée. Il me paraît inutile d'observer que dans les mots formés de la réunion de trois, quatre et cinq monosyllabes, le sens de chaque mot ne résulte pas des caractères pris séparément, mais de l'assemblage ou de la totalité des sons exprimés par ces caractères. Assurément, les Chinois qui ne savent pas lire s'entendent comme les autres en parlant, et le plus grand lettré du royaume, quand il interroge son domestique, ne songe guère, j'imagine, à la forme d'un radical ou d'un groupe phonétique.

Substantifs.

天主教 *th'ièn-tchou-kiao*, le christianisme.

回回教 *hoéï-hoéï-kiao*, le mahométisme.

管事官 *kouan-sse-kouan*, un consul.

外洋人 *waï-yang-jén*, un étranger.

大老爺 *ta-lao-yé*, excellence!

貴夫人 *kouéï-fou-jén*, madame!

打魚的 *ta-iu-ti*, poissonnier.

作鞋的 *tso-hiaï-ti*, cordonnier, etc.

Adjectifs.

好好的 *hao-hao-ti*, bon.

不好的 *pou-hao-ti*, mauvais.

正經的 *tchéŋ-kiŋ-ti*, honnête.

要緊的 *yao-kin-ti*, important.

殺人的 *cha-jén-ti*, homicide.

迷人的 *mi-jén-ti*, abrutissant, etc.

Adverbes.

漸漸的 *tsièn-tsièn-ti*, insensiblement.

慢慢的 *man-man-ti*, tout doucement.

略略的 *lio-lio-ti*, un peu, etc.

XIV. — MOTS COMPOSÉS FORMÉS DE L'AGRÉGATION DE QUATRE MONOSYLLABES EXPRIMÉS PAR QUATRE CARACTÈRES ET REPRÉSENTANT UN SUBSTANTIF, UN ADJECTIF, UN VERBE OU UN ADVERBE.

Substantifs.

讀書的人 *tou-chou-ti-jén*, les lettrés.

做秀才的 *tsó-sieou-th'saï-ti*, les bacheliers.

街坊鄰舍 *kiai-faŋ-lin-ché*, les voisins, etc.

Adjectifs.

朝三暮四 *tchao-san-mou-ssc*, inconstant.

做不來的 *tsô-pou-laï-ti*, impossible.

伶牙俐齒 *ling-ya-li-tch'he*, disert, etc.

Verbes.

罵大罵小 *ma-ta-ma-siao*, invectiver.

你商我量 *ni-chang-wo-leang*, délibérer.

你東我西 *ni-toung-wo-si*, n'être pas d'accord.

你問我答 *ni-wen-wo-ta*, jaser, etc.

Adverbes.

顛顛倒倒 *tièn-tièn-tao-tao*, sens dessus dessous.

從從容容 *th'soung-th'soung-young-yoang*, lentement.

停停當當 *th'ing-th'ing-tang-tang*, comme il faut.

歡歡喜喜 *hoan-hoan-hi-hi*, gaiement, etc.

XV. — MOTS COMPOSÉS, FORMÉS DE L'AGRÉGATION DE CINQ MONOSYLLABES, EXPRIMÉS PAR CINQ CARACTÈRES ET REPRÉSENTANT UN SUBSTANTIF OU UN ADJECTIF.

Substantifs.

做老子娘的 *tsô-lao-tze-niang-ti*, les pères et les mères.

做大官兒的 *tsô-ta-houan-ell-ti*, les grands mandarins.

做小官兒的 *tsó-siao-kouan-ell-ti*, les petits mandarins.

閨女的姑娘 *kouéi-niu-ti-kou-niañ*, une demoiselle.

Adjectifs.

臉上有麻子 *lièn-chañ-yeou-ma-tze*, grêlé (marqué de la petite vérole).

出於意外的 *tch'hou-iu-i-waï-ti*, imprévu.

算計不定的 *souan-ki-pou-tiñ-ti*, incalculable, etc.

Tels sont les mots composés des Chinois. J'ai voulu parcourir, dans ce mémoire, toute la surface de la langue ; mais on peut étendre ou restreindre à volonté le nombre des catégories que je viens d'établir. On peut retrancher de ma nomenclature les mots composés de quatre et de cinq monosyllabes, parce que ces monosyllabes s'écrivent, à défaut de lettres, avec des caractères, et que chaque caractère, pris séparément, exprime toujours un objet ou une idée. Je ne me le dissimule pas : quiconque s'en tiendra à la nomenclature ordinaire et au système reçu lira toujours, en voyant les caractères, *l'homme qui vend des livres*, pour « le libraire ; » les *grandes rues*, les *petites rues*, le *voisinage* et les *maisons*, pour « les voisins ; » le *matin trois*, le *soir quatre*, pour « inconstant ; » *vous interrogez*, *je réponds*, pour « causer, jaser ; » etc. Il faut convenir, cependant, qu'avec un tel système d'interprétation, on ne traduit pas les MOTS, mais les CARACTÈRES. Quant à moi, je suis de l'avis de M. Wells-Williams, qui paraît, toutefois, n'admettre pour composés que des termes dissyllabiques : « Compound or dissyllabic terms are common in chinese writing and *stereotyped phrases* that are seldom if ever separated, but which contain only *one idea;* these are, in some cases, properly translated by *a single word.* Knowledge of the meaning of the characters merely is not sufficient to make a person a good translator; he must attend also to the force of the word or phrase in its connection in the original, so as to select an apt expression by which to render it [1]. »

Je n'entrerai point ici dans le détail de ce qui concerne les termes simples. On sait déjà qu'un terme simple exprime un objet ou une idée par un monosyllabe, et que le sens de ce monosyllabe est indiqué par son corrélatif, par les adjoints ou par les circonstances. Quand un terme simple fait partie d'une phrase, l'esprit aperçoit les rapports des corrélatifs, après que cette phrase est *prononcée,* mais le terme simple, isolément articulé, n'exciterait aucun sens dans l'esprit.

Comme les noms propres des Chinois n'ont, en général, rien qui les distingue des autres noms (Abel-Rémusat, $ 105 des Éléments), une des plus grandes difficultés de la langue savante, c'est de distinguer les substantifs propres des substantifs com-

---

[1] *Easy lessons in chinese,* by Wells-Williams, pag. 149.

muns. Cette difficulté n'en est pas une, ou plutôt elle disparaît dans la langue vulgaire, car le nom d'une ville, d'un bourg, d'un village, d'un fleuve, d'une rivière, d'une montagne, etc. est toujours suivi du terme générique *ville*, ou *bourg*, ou *village*, ou *fleuve*, ou *rivière* ou *montagne*, etc. Le nom d'un homme se reconnaît facilement, parce qu'on a soin d'indiquer son titre, ou son rang, ou sa profession. Voici, du reste, quelques phrases où l'on remarquera des noms propres.

1. 當初山西平陽府有個聖人。叫做堯王。這個堯王最是疼愛他族人的。 « *Tang-th'sou* CHAN-SI PH'ING-YANG-FOU *yeou kô cheng-jén; kiao-tsó* YAO-WANG. *Tchee-kô* YAO-WANG *tsouï che th'oung-'ai th'a tso-jén ti;* « Il y avait autrefois, dans le département de *Ph'ing-yang*, province de *Chan-si*, un saint personnage qu'on appelait le roi *Yao*. Or, le roi *Yao* chérissait ses parents. » (Paraphrase du *Cheng-iu*.)

Dans cette phrase, *fou* (département) et *wang* (roi) sont des termes génériques.

2. 他在四川做官的時節。就把四川一省的人。都教化過來。 *Th'a tsai* SSE-TCH'HOUAN *tsó-kouan-ti che-tsié; tsicou pa* SSE-TCH'HOUAN *i-seng ti jén, tou kiao-hoa kouó-laè;* « Dans le temps qu'il était gouverneur du *Sse-tch'houan,*

il avait converti tous les habitants de la province (de *Sse-tch'houan*). » (Paraphrase du *Cheng-iu.*)

Seng (province est un terme générique.

3. 他是一個北京人。他在這七寶巷長安街開著一箇小酒店兒。 *Tha che i-kô* Po-king jén; *th'a tsaï tchee* Th'si-pao-hiang Tch'hang-ngan-kiai *kh'aï-tcho i-kô siao tsieou-tièn-ell;* « C'est un habitant de *Pékin*; il a ouvert un petit cabaret dans le passage des *Sept diamants*, rue du *Repos perpétuel*. » (*Dialogues chinois.*)

Hiang (passage) et *kiaï* (rue) sont des termes génériques.

4. 有一个人從書房中把妙法蓮華經取去了。 *Yeou i-kô jén th'soung chou-fang tchoung, pa* Miao-fa-lièn-hoa-king *th'siu-kh'iu lèao;* « Il y a quelqu'un qui a pris le *Lotus de la bonne loi* dans votre bibliothèque. » (*Dialogues chinois.*)

King (livre) est un terme générique.

5. 我想滿洲書。認得幾個字兒。 *Wo siang* Man-tcheou-chou; *jén tee ki-kô tze-ell;* « J'étudie le *mandchou*; je sais déjà quelques mots. » (*Th'sing-wen-khi-moung.*)

Chou (ouvrages) est un terme générique.

Je me suis étendu, dans cette quatrième section, sur la théorie des mots composés, non-seulement

parce qu'elle forme l'objet principal de mon mémoire, mais encore parce qu'elle démontre qu'il
n'en est pas du kouan-hoa ou de la langue commune,
qui s'écrit, comme des idiomes du Kouañ-touñ,
qui s'écrivent rarement, difficilement[1], et des
idiomes du Fô-kièn, qui ne peuvent pas s'écrire.

Quand nous examinons les dialectes du Kouañ-
touñ et du Fô-kièn, nous avons quelque peine à
comprendre que ces dialectes dérivent d'une langue
commune, tant ils diffèrent les uns des autres ; mais,
quoiqu'on y reconnaisse un même fond de langage,
toujours est-il que le kouan-hoa doit être regardé
comme une langue moderne, relativement aux
idiomes de ces deux provinces. Le kouan-hoa, ou
la langue chinoise telle qu'on la parle aujourd'hui,
est une langue dérivée, travaillée, perfectionnée ;
les idiomes du Fô-kièn sont des idiomes *pauvres et
imparfaits*, qui ont conservé, avec la forme antique,
précisément parce qu'ils ne s'écrivent pas, le caractère principal des langues primitives de la haute
Asie, à savoir le monosyllabisme et l'intonation.

On a vu, dans la première section de ce mémoire, que deux choses surtout distinguent le kouan-

---

[1] «Mun-mooy, the writer of Esop's fables, — out of a very nu-
« merous range of acquaintances — is the only native we have met,
« who can write fluently in the vulgar Canton idiom; and yet when
« we first became acquainted, he was as backward as his neighbours
« at this sort of exercise — and it was only thro' repeated urging
« on our part, that we could induce him to go on with it; but altho'
« more proficient in writing Canton than most others, he yet finds
« it easier to write in the Nanking dialect than in his own. » (Robert
Thom, *Esop's fables, written in chinese*, introduction, pag. x.)

hoa du nord ou le dialecte de Pékin, du kouaṇ-hoa
du midi ou du dialecte de Nankin: la prononciation
et les idiotismes. Les dialectes du Kouañ-touñ et
du Fô-kièn diffèrent du kouan-hoa comme ils diffèrent entre eux, non-seulement par les mots, mais
encore par l'intonation.

Ils diffèrent par les mots.

Et d'abord, à la place de ces ingénieuses agréga-
tions de monosyllabes, dont j'ai présenté les catégories, et qui forment, à proprement parler, les mots
du kouan-hoa, on ne trouve que des monosyllabes
distincts, qui, la plupart du temps, ne s'agrègent
pas, des monosyllabes d'une articulation si pénible
pour les Européens, que mon ami, M. le Dr Henry
Cumming, après avoir fixé sa résidence à Amoy
(Émouy), m'écrivait de cette ville, le 7 décembre
1842 : « You can scarcely conceive the difficulties
« of learning the language *here*. Without suitable tea-
« chers, surrounded by men speaking with different
« degrees of purity, we are ever in doubt concerning
« the accuracy of their expressions. The tones in this
« dialect require the closest attention. With 2500
« enunciations, they must carry on all their com-
« munications. There are some sounds which have
« a great many characters. »

Or, les 2500 monosyllabes dont parle ici M. le
Dr Cumming, proviennent de deux fonds bien distincts.

Le premier ou le fonds des monosyllabes qui ont
de l'analogie avec ceux du kouan-hoa, est sans con-

tredit le moins intéressant à étudier sous le rapport de la science ou de l'ethnographie. Que nous importe en effet que les habitants du Fô-kièn prononcent autrement que les habitants du Sse-tch'houan ou du Chan-toung? L'autre fonds, celui qu'on appelle le *fonds étranger*, se recommande davantage à l'attention des philologues. Il comprend les monosyllabes ou les mots étrangers à la langue commune. J'en citerai quelques exemples. De ce nombre sont : *ta-po*, le mâle; *cha-boé*, la femelle; *hao-saing*, le fils; *gîn-â*, un esclave; *o-lo*, louer; *ey*, je puis; *bey*, je ne puis pas; *ka-la-koua*, tout à l'heure; *an-tchwnâ*, comment; *th'éém-chaé-â*, peut-être, etc. etc. D'où proviennent ces mots? Je n'en sais rien, mais je vois qu'il existe deux catégories fort distinctes; les mots de la première s'écrivent; les mots de la seconde ne s'écrivent pas, et c'est là surtout ce qui sépare le kouan-hoa des idiomes du Kouang-toung, du Fô-kièn, et généralement de tous les patois de l'empire, 有音有字者官話也。惟土談則多有音無字 [1].

Les idiomes du Fô-kièn diffèrent encore du kouan-hoa par l'intonation ou l'accentuation des monosyllabes.

Il est incontestable que dans ces idiomes la voix s'élève et s'abaisse par des intervalles infiniment plus sensibles que dans la langue chinoise. Nous avons en Europe une accentuation naturelle qu'il ne faut

[1] Voyez le *Nan-po-kouan hoa*, pag. 5 r.

pas confondre avec l'intonation primitive. On sait,
par exemple, que notre monosyllabe *ah!* selon la
manière dont il est prononcé, exprime toutes les
affections de l'âme, le plaisir ou la douleur, la joie
ou la tristesse, la crainte, le dégoût, l'admiration,
la surprise, la stupeur, etc. mais, dans les idiomes
dont je parle, l'intonation est inhérente au langage;
elle vient uniquement de ce que les aborigènes n'ont
pas su multiplier le nombre des mots à proportion
de celui des idées. Il y a tel pays où l'on varie les
monosyllabes sur sept tons, tel autre où on les varie
sur huit tons. Aussi M. le Dr Cumming m'écrivait-il
d'Amoy (Emouy) le 10 octobre dernier : « Les tons
« varient dans tous les dialectes du Kouang̃-toung̃ et
du Fô-kièn. Le dialecte de Fou-tcheou-fou (capitale
du Fô-kièn) diffère du dialecte d'Emouy, le dialecte
d'Emouy du dialecte de Tchang̃-tcheou [2]. Quant aux
trois dialectes de la province de Kouang̃-toung̃, les
tons changent véritablement de dix lieues en dix
lieues tout le long de la côte, *indeed every hundred
miles along the coast, the tones change.* Quand je dis
que le ton change, je veux parler de la modulation
de la voix, car du reste les tons sont les mêmes dans
tous les dialectes. Ainsi, tel caractère qui est au troisième ton dans un dialecte est au troisième ton dans
tous les autres. Par exemple : 人 *jîn*, l'homme,

---

[1] Ce dialecte, connu en Europe sous le nom de *langue chin-cheo*,
est la langue maternelle de la plupart des Chinois qui vont trafiquer
aux Philippines et de ceux de Batavia. (Voy. les Mélanges asiatiques
de M. Abel-Rémusat, tom II, pag. 91.)

vulg. *lâng* est au deuxième ton en kouan-hoa, comme dans le dialecte d'Emouy; mais telle est l'importance de l'intonation que si vous dites *lîn* au deuxième ton, au lieu de *jîn,* on vous comprendra mieux que si vous prononciez *jîn* au troisième ton. Ceci n'est nullement exagéré. »

Puisque dans tous ces dialectes l'intonation est inhérente au langage, la connaissance de l'intonation s'acquiert naturellement comme celle de la langue. M. Medhurst fait à ce sujet une remarque fort intéressante : « The poorer class of people and « young children, who are unacquainted with letters, « and know not the names of the accents, or the rules « by which the language is governed, are yet most « exact in their accentuation of words; and generally « speaking, the more ignorant they are of letters, and « the methods of defining speech, the more parti-« cular they are in distinguishing the accents [1]. »

J'arrive maintenant à la conclusion.

Pour ce qui concerne les idiomes du Fô-kièn, la conclusion est que les naturels de cette province ne peuvent pas écrire comme ils parlent, ce qui revient à dire QU'ILS ÉCRIVENT UNE LANGUE ET EN PARLENT UNE AUTRE; ils parlent l'idiome du pays et écrivent le chinois. Ce sont deux langues différentes. Je m'en rapporte sur ce point à M. Rob. Thom : « The Can-« ton dialect differs from the mandarin (kouan-hoa) « about as much as Portuguese does from Spanish ; « the difference between Fô-kièn and mandarin

---

[1] Medhurst's *Dictionary of the Hokkiën dialect,* introd. pag. LIV.

— 113 —

« (kouan-hoa) IS VERY MUCH GREATER. We do not un-
« derstand the Fo-kièn idiom ourselves, but may
« state on very good authority, that, it bears no
« more resemblance to the dialects of Peking and
« Nanking than the Gaelic and Welch spoken on
« our own mountains, do to the English of London
« or Edinburgh [1]. »

M. le Dr Cumming, dont la compétence est parfaitement établie, confirme le témoignage de M. Rob.
Thom.

« Vous me demandez, m'écrit le docteur, s'il est
vrai, comme l'affirme M. Rob. Thom, que les indigènes parlent une langue et en écrivent une autre.
Je réponds que dans notre province il en est ainsi,
I answer that in our province they do. Par exemple,
un Chinois d'Emouy ÉCRIT 父 *hou* (*fou*) père; mais
en parlant il DIT *pay*. Il ÉCRIT 食飯 *sit-hwan* (*che-
fan*) manger du riz; mais en parlant il DIT *chëah-
pouing;* il ÉCRIT 賢人 *hièn-jin*, sage; mais en parlant il DIT : *gao-lang*.

« Il faut avouer cependant que l'on trouve dans
la langue parlée un grand nombre d'expressions
tirées de la langue écrite (book phrases). La plupart
des noms de maladie sont de cette classe. Au fond,
il arrive quelquefois que les plus ignorants parlent
comme les livres. Ainsi le pauvre pêcheur qui va
consulter un médecin, ne manque jamais d'aborder
l'homme de l'art par une locution de la langue

[1] *Esop's Fables*, introduction, pag. VIII.

écrite : « Bûn-bêng, dit-il (en chinois 聞名 *Wen-*
« *ming*), I have heard of your name. » Dans la langue parlée, on dirait *thëna-mëna*.

« Vous me demandez encore pourquoi les habitants du Fô-kièn n'écrivent pas leur langue parlée.
La réponse à cette question est facile ; c'est parce
que les dialectes provinciaux que l'on parle à la
Chine ne peuvent pas s'écrire et n'ont jamais été
écrits, *the spoken provincial dialects have never been*
reduced to writing ; they are in the same state with the
mass of the languages of savage tribes. Dans le dialecte
d'Emouy, il y a beaucoup de sons qui n'ont ni équivalents ni analogues dans la langue des livres, même
tels que les lisent les habitants du pays. Ceux-ci,
dépourvus de tout moyen d'exprimer, par des caractères, des sons absolument étrangers à la langue
écrite, ne peuvent donc pas écrire comme ils parlent. »

Cela est parfaitement établi.

Mais en est-il de même du kouan-hoa ou de la
langue commune ? Non certes, le kouan-hoa s'écrit ;
il s'écrit même depuis longtemps, quoique son origine ne remonte pas à la 61ᵉ année du règne de
Hoang-ti. On ne saurait, je l'ai déjà dit, fixer l'é-
poque à laquelle les Chinois ont commencé à écrire
le kouan-hoa ou la langue vulgaire. Si l'on étudie
les principaux monuments de cette langue, le dialogue des pièces de théâtre et les romans, on n'ob-
serve pas que le style devienne plus concis à pro-

portion qu'on s'éloigne davantage du temps où nous vivons [1]; enfin, comme, en remontant toujours, on ne trouve plus ni kouan-hoa, ni roman, ni pièces de théâtre, il me paraît assez vraisemblable, d'une part, que le kouan-hoa écrit a commencé avec les pièces de théâtre et les romans; d'autre part, que sous la dynastie mongole des Yuèn, le langage avait fait des progrès considérables. Le *Yuèn-jén-po-tchoung* ou collection de cent pièces de théâtre, fut, j'imagine, une époque pour la langue. Alors des écrivains qui formaient une classe à part, au nombre desquels on trouve des femmes, et même des femmes de mauvaise vie, ont perfectionné le kouan-hoa ou l'art d'écrire en chinois; ils en ont étendu les limites, soutenu l'utilité autant que la beauté. Mais, qu'on y songe bien, les écrivains de la nouvelle école avaient à triompher d'une foule d'obstacles et particulièrement des préjugés des mandarins. A tort ou avec raison, on a toujours regardé les mandarins comme des esprits sérieux, méditatifs, et comme des autorités irrécusables en matière de littérature. Or, tels étaient les préjugés de ce temps, que les hommes de lettres qui exerçaient des charges ou des emplois, n'osaient pas avouer publiquement leurs œuvres; ils gardaient l'anonyme. On ne connaît pas l'auteur du *Yu-kiao-li*, roman traduit par M. A.

---

[1] Le wen-tchang, dont parle M. Abel-Rémusat (§§ 66 et 67 des Éléments), n'a pas le moindre rapport avec la langue parlée. C'est un style très-élégant, imité du kou-wen, quoique moins concis, et qui a ses règles particulières.

Rémusat; l'auteur du *Hao-kh'ieou-tch'houan*, roman traduit par M. Davis. Le joli roman intitulé *Ph'ing-chan-ling-yèn* ou *Les deux jeunes filles lettrées*, est à la Chine dans les mains de tout le monde, et cependant, comme le remarque avec raison M. Stanislas Julien, nul n'en saurait dire l'auteur[1]. Après tout, les mandarins avaient bien quelque raison de se cacher sous le voile de l'anonyme; puisque les courtisanes et les prostituées se mêlaient de littérature, peut-être n'auraient-ils pu avouer un roman, même le plus irréprochable, sans perdre quelque chose de l'honneur et de l'estime qui s'attachaient à leurs noms.

Le kouan-hoa ou la langue commune est donc la langue du théâtre, la langue des romanciers; c'est, pour me servir des expressions du savant professeur que je viens de citer, « la langue dont les Européens vont avoir besoin plus que jamais à la Chine, non-seulement pour entretenir des relations orales ou écrites, mais encore pour lire les compositions modernes, si utiles à qui veut connaître les mœurs et le caractère du peuple avec lequel on devra désormais vivre et commercer[2]. » Il n'y a pas très-longtemps que le cabinet des livres chinois de la Bibliothèque royale a reçu des accroissements utiles pour la littérature moderne; on connaît aujourd'hui l'importance et la variété des monuments; on n'en connaît pas, on n'en connaîtra jamais le nombre,

[1] Voyez la préface du *Ph'ing-chan-ling-yèn.*
[2] Stanislas Julien, préface du *Ph'ing-chan-ling-yèn.*

parce que la littérature chinoise est vraiment inépuisable. Tant de richesses accumulées dans nos
établissements exciteront la curiosité, provoqueront
les recherches, et, parmi nos jeunes littérateurs, il
s'en trouvera qui apprendront le kouan-hoa pour lire
des ouvrages d'imagination ou de pur agrément;
mais lire n'est pas traduire. Il ne faut pas que les
avertissements de M. Stanislas Julien tombent dans
l'oubli. Quiconque sait le kouan-hoa peut *lire* et *traduire* « tous les romans qui ne renferment que des
récits simples et naturels, et où ne figurent ni des
lettrés ni des poëtes. Mais qu'on n'aille pas aborder
les compositions analogues qui se distinguent par
la multiplicité des faits anecdotiques, la recherche
ambitieuse des expressions, l'éclat des métaphores,
la hardiesse des figures et la finesse des allusions. »
Ici la connaissance du kouan-hoa devient tout à fait
insuffisante, parce que dans certains passages « le
style vulgaire s'élève à la hauteur du style antique,
et que des anecdotes indiquées par un seul mot,
des expressions susceptibles d'une double acception,
viennent arrêter le traducteur au milieu d'une lecture qui le charme[1]. » Malgré tant d'obstacles, M. St.
Julien est agréable à lire, et pourtant il reproduit
avec la plus scrupuleuse exactitude le texte original
du *Ph'ing-chan-ling-yèn*.

Toutefois, hâtons-nous de le dire, le kouan-hoa
des romans diffère jusqu'à un certain point du kouan-

---

[1] Stanislas Julien, préface du *Ph'ing-chan-lin-yèn*, ou des deux
jeunes filles lettrées.

hoa parlé. Ce n'est pas que le kouan-hoa parlé **ou** la langue chinoise vulgaire ne s'écrive pas dans les romans ; les auteurs peuvent écrire tout ce qu'ils veulent et comme ils veulent ; c'est, qu'en général, le kouan-hoa tend à se resserrer, quand on l'écrit, parce qu'il faut, pour écrire un mot, autant de caractères qu'il y a de monosyllabes dans ce mot[1]. Le kouan-hoa écrit diffère encore du kouan-hoa vulgaire par une autre raison. Dans tous les pays du monde, il y a de mauvaises façons de parler ; dans toutes les langues du monde, il y a une foule de locutions vulgaires qu'on n'ose pas écrire. L'argot, parce qu'il est trop ignoble, ne s'écrit pas, si ce n'est en Europe, et encore il n'y a pas longtemps ; puis, le laboureur ne parle pas comme le savant ; le langage varie à la Chine comme ailleurs, et il s'en faut de beaucoup que tous les Chinois parlent bien. Le kouan-hoa du *Tching-in-th'so-yao* est la langue du peuple ; le kouan-hoa des romans vulgaires est la langue chinoise, *prout in ore hominum politorum versatur*, comme dit Prémare.

Mais enfin dans quel cas, dira-t-on, les Chinois écrivent-ils exactement comme ils parlent? Quels sont les monuments de la langue parlée?

En principe, on peut affirmer que tout livre destiné à être lu à haute voix, c'est-à-dire tout livre

---

[1] On sent pourquoi le kouan-hoa n'est pas et n'a jamais été la langue de la politique et des affaires. Si les Chinois écrivaient toujours comme ils parlent, les affaires n'auraient pas de terme. Tel rescrit émané de l'autorité publique, tel décret impérial qui n'a que trois pages d'impression serait d'une prolixité effrayante.

qu'un Chinois peut comprendre, *en l'entendant lire correctement, mais sans voir les caractères*, est un monument de la langue parlée. Ainsi la paraphrase, en langue vulgaire, du saint édit de l'empereur Khang̃-hi, ouvrage qui renferme des instructions sur la morale, est un monument de la langue parlée. Certains dialogues des pièces de théâtre sont évidemment des monuments de la langue parlée ; mais, généralement, les livres chinois ne sont pas faits pour être lus à haute voix. Il faut convenir aussi que le kouan-hoa parlé, quand on l'écrit, paraît toujours un peu traînant, négligé, verbeux surtout, et dans une phrase, la surabondance des caractères est, à la Chine, ce qu'on aime le moins [1].

Il est à peine nécessaire d'observer que les dialectes particuliers du Kouang̃-toung̃ et du Fô-kièn viennent d'acquérir une importance nouvelle pour le commerce ; mais je dirai, en terminant ce mémoire, que pour la science ou l'ethnographie, l'étude de ces dialectes n'est pas à dédaigner. Ce sont, comme on l'a vu, des instruments imparfaits, dont la connaissance peut néanmoins conduire à de précieux résultats. Il serait à souhaiter peut-être que l'usage du kouan-hoa *écrit* devînt encore plus général et plus étendu. Un tel usage épargnerait, aux Européens qui vont à la Chine, l'étude longue, pénible, et presque toujours insuffisante, de deux idiomes

---

[1] Une chose remarquable, c'est que le chou-tcha (style épistolaire) est de tous les styles celui qui s'éloigne le plus de la langue parlée.

distincts, et faciliterait, je n'en doute pas, la communication respective des lumières entre les deux continents.

FIN.

9 782329 593616